知らないと損をする
国からもらえるお金の本

井戸美枝

角川SSC新書

はじめに

落語が好きでよく聞きます。落語の世界では、長屋のご隠居さんが居て、よろずごと、いろいろな相談にのります。長寿が生活の知恵となっているわけです。ところが、現在、生活は多方面に広がり、生活の知恵も、たいへんな数になっています。ひとりのご隠居さんではとても対応できるものではありません。

江戸時代では、お上（役所）からは一方的に、「こうしなさい、これは禁止です」などというお達し（通知）がほとんどでした。

現在では、役所からの数多くのお知らせの中には、当然一方的なものもありますが、給付金や助成金といったお金をもらえることも数多くあります。病気や事故、失業、災害など困難にあった場合に給付されるお金や、結婚や出産、育児、教育、住宅購入など人生の節目で支給されるお金もあります。そして、専門の担当機関ごとに窓口を設けています。

日本国内の要件にあう方すべてが対象となる給付金も数多くありますが、一方、都道府県や市区町村などの地方自治体が独自に制度を設けていて、その土地に住んでいないともらえないお金も多数あります。最近では、地方自治体の財政力の差は広がっていて、事業税、住民税や国からの補助などの差が、住民への給付金やサービスにも大きな影響を与えています。住んでいる自治体が異なると「もらえるお金」の額がまったく違う、ということが生じているのです。

たとえば「子どもの医療費助成」では、18歳まで医療費の窓口負担がゼロになる自治体がある一方、小学校卒業までしか助成されず、親の所得が一定額以上の場合は小学生であっても助成対象外という自治体もあるほどです。引越しや住宅の購入を検討している場合は、自治体の制度やサービスを検討しておきたいものです。

また、「国からもらえるお金」を知ることは生活費の節約にも直結します。

医療保険などへの加入を検討する際には、国の社会保障制度や、住まいの自治体の給付など「もらえるお金」をまず確認しましょう。さらに社会保障の付加給付があるかもしれず、勤務先の福利厚生制度を確認し、そのうえで、不足分を保険で補うというようにすれば、必要十分な額の保険を選択できます。

国や自治体の広報不足によるものですが、「もらえるお金」があまり知られていないということも言えます。

私は、日本の社会保障は優れた制度だと考えています。「国はあてにできない」という先入観を持っている方も多いと思いますが、最初からあきらめずに、どのような制度があるか、ぜひ本書にて確認してください。

どのような場合に、どのような給付金や補助金を受給でき、どの窓口に行けばよいのか、わかりやすくお伝えすることに眼目をおいて、まとめました。国の制度で必要となるものは、網羅してあります。自治体ごとの制度については、そのすべてを掲載しているわけではありませんが、お住まいの自治体に、同じ制度や似た制度がないか確認して活用する手がかりとしてお役立てください。

本書は、常備薬のように一家に一冊置いていただきたいと考えております。日々の生活にかかせない道具の一つとしてお役に立つことができれば幸いです。

井戸　美枝

この本の使い方

●見出しの下にあるマークについて

国……基本的に、日本国内どこにお住まいでも、利用の要件を満たしていれば受給できる制度です。

自……自治体によって制度がある自治体と、ない自治体があります。住んでいる市区町村によっては受給できない場合もあります。

民……民間企業のサービス・商品です。

●本書で紹介する制度の内容や金額は、2014年12月時点のものです。随時変わる可能性がありますので、最寄りの届け出先にお問い合わせください。

市区町村の制度は、1月または4月、10月から変更になることがあります。とくにその時期には、広報紙や自治体のホームページをよく確認するようにしましょう。

それぞれの制度の手続き方法や、くわしい要件についても、届け出先にお問い合わせください。

もらえるお金の基礎用語

●**標準報酬月額**　「厚生年金」や「健康保険」の金額の算定のもととなる金額です。基本給や残業代、諸手当を合計した額とほぼ同じ金額です。

ただし、厚生年金は1等級（9万8000円）から30等級（62万円）までの30等級、健康保険は1等級（5万8000円）から47等級（121万円）に分かれていて、その該当する金額が「標準報酬月額」となるので、給料の金額とぴったり一致するわけではありません。金額は毎月変わるのではなく、4月・5月・6月の報酬の平均をもとにします。

●**標準報酬日額**　前項の「標準報酬月額」を1カ月の日数（30日）で割ったものです。傷病手当金や出産手当金の算定のもととなります。

●**平均標準報酬月額**　「厚生年金」の計算の基礎となる金額です。「年金の被保険者だった期間の標準報酬月額の合計」を、「被保険者であった期間の月数」で割って求めます。さらに貨幣価値の違いを調整するために、過去の標準報酬月額に、「再評価率」をかけて計算します。

2003年4月から、賞与からも厚生年金の保険料を支払う「総報酬制」になったので、保険料の算定も賞与を合算した額「平均標準報酬額」がもとになります。

●基本手当日額　「失業給付の基本手当」の1日あたりの金額を「基本手当日額」といいます。算出方法は、まず離職日の直前の6カ月間に支払われた賃金の合計を180で割り「賃金日額」を出します。ボーナスなどは含みません。賃金日額の金額のおよそ50〜80％（60〜64歳については45〜80％）の金額が「基本手当日額」です（賃金の低い方ほど高い率となります）。

ただし、92ページの図のように上限があります。

●給付基礎日額　休業補償給付、傷病補償年金、遺族補償年金など「労災」の支給額の基礎になる金額です。求め方は、「労災などの算定事由が発生した日以前の3カ月間に支払われた賃金総額（ボーナスなどは除く）」を「算定事由発生日以前3カ月間の総日数」で割って計算します。

●控除　主に税金について、「要件に該当すれば、所得や税金から引くことのできる金額」です。

「所得控除」の場合は税のもととなる所得の金額が低くなります（雑損控除など）。

「税額控除」では直接その金額分、税金が安くなります（住宅ローン減税など）。

目次

はじめに　3
この本の使い方　6
第1章「教育・子育て」でもらえるお金　17
児童手当　18
育児休業給付金　20
育児休業中の社会保険料免除　23
児童扶養手当　25
児童育成手当　27
乳幼児・子ども医療費助成　28
私立幼稚園就園奨励助成金　30
就学援助　31
子育て支援パスポート　32
子育て家庭への家計支援　34

高等学校等就学支援金制度　35
私立高等学校等授業料軽減助成　36
教育一般貸付(国の教育ローン)　37
民間の教育ローン　40
奨学金　42
奨学金(大学独自の奨学金)　45
労災就学援護費　47
教育資金の一括贈与の非課税　49
チャイルドシート購入費補助　52
防犯ブザー購入費補助　53
受験生チャレンジ支援貸付事業　54

第2章　「住まい」について、もらえるお金　55

住宅ローン減税　56
住宅金融支援機構のローン返済救済措置　59
投資型減税　60

住宅耐震改修特別控除 62
住宅特定改修特別税額控除 64
住宅取得等資金の贈与税の非課税 67
相続時精算課税制度 69
太陽光発電システム補助金 72
生垣緑化助成金 74
雨水利用設置助成金 75
耐震診断費用・耐震補強工事費助成 76
リフォームへの助成 78
生ゴミ処理機購入費用補助 79
子育てファミリー世帯居住支援ほか 80
特定優良賃貸住宅 82

第3章 「転職・失業」でもらえるお金 85

雇用保険制度 86
失業給付の「基本手当」 88

所得税の還付　97
教育訓練給付金　98
公共職業訓練　101
技能習得手当・寄宿手当　104
求職者支援制度　105
各種延長給付制度　107
就業手当　109
再就職手当　110
常用就職支度手当　112
高年齢雇用継続基本給付金　114
高年齢再就職給付金　116
広域求職活動費　117
U・J・Iターン奨励金　118
職人育成支援　120
自治体の資格取得講座　122
起業支援　123

第4章　「病気・けが」をしたとき、もらえるお金　125

傷病手当金　126
介護休業給付金　128
高額療養費制度　131
高額医療・高額介護合算療養費制度　134
障害年金　136
療養補償給付　139
休業補償給付　141
傷病補償年金　142
障害補償給付　144
介護補償給付　147
介護保険制度　149
高額介護サービス費　152
所得税の医療費控除　153
難病医療費等助成　154
自治体独自の介護サポート　157

第5章　「結婚・出産」でもらえるお金　159

出産育児一時金　160
出産手当金　163
産休中の社会保険料免除　166
妊婦健診費用助成　168
出産費用の医療費控除　169
特定不妊治療助成　170
妊産婦医療費助成制度　172
出産支援　173
出産祝い金　174
婚活サポート　175
結婚祝金　177
結婚仲人報奨金　179

第6章　「老後」にもらえるお金　181

老齢基礎年金　182

老齢厚生年金 185
保険料の免除措置 189
在職老齢年金 192
年金の繰り下げ 194
加給年金 197
配偶者の振替加算 198
非課税貯蓄制度 200
高齢者医療制度 202

第7章 「災害にあったとき」もらえるお金 203

被災者生活再建支援制度 204
災害援護資金 206
雑損控除・災害減免法 207
災害見舞金 209
災害弔慰金 210
災害障害見舞金 212

第8章　「亡くなったとき」にもらえるお金　213
埋葬料・家族埋葬料　214
遺族基礎年金　215
遺族厚生年金　217
中高齢寡婦加算　219
寡婦年金　221
死亡一時金　222
遺族補償年金　224
未支給失業等給付　228
未支給年金給付　229

第9章　他にもまだあるもらえるお金　231
少額投資非課税制度（NISA）　232
確定拠出年金のマッチング拠出　235
ふるさと納税　238

第1章　「教育・子育て」でもらえるお金

中学生までの子どもがいると、保護者がもらえる

児童手当 国

もらえるお金

月額5千円～1万5千円

子ども手当から名前が変更

子どもが健やかに成長することを目的として、子育て家庭を経済的に支援するために、子どもの保護者に支給されるのが「児童手当」です。ここ数年の間に制度がめまぐるしく変わっているのは、みなさんもご存じのことでしょう。

その経緯を簡単に説明すると、もともとは「児童手当」という名称だったものが、民主党政権の政策として、2010年4月からは「子ども手当」に。所得制限が撤廃され、中学生以下の子どもがいるすべての家庭に支給されるようになったのです。その財源確保のため、所得税と住民税の「年少扶養控除」が廃止されました。2012年4月には名称が「児童手当」に戻り、同6月には所得制限も導入されて、現在に至っています。

現行の「児童手当」の支給額は図のように、0歳から3歳未満は月額1万5000円、3歳から小学校修了までは月額1万円（第3子以降は1万5000円）、中学生は1万円となっています。所得制限があり、年収960万円（夫婦・児童2人世帯）以上の人は、特例給付として当分の間はもらえますが、0歳から15歳まで月額一律5000円です。

児童手当の支給額

児童の年齢	児童手当の額(1人当たり月額)
3歳未満	一律1万5000円
3歳以上 小学校修了前	1万円(第3子以降は1万5000円)
中学生	一律1万円

※児童を養育している人の所得が所得制限限度額以上の場合は、
特例給付として月額一律5000円を支給

児童手当の支給は市区町村からとなります。毎年2、6、10月に、前月までの4カ月分がまとめて振り込まれます。公務員は、市区町村ではなく勤務先から支給されます。

２０１４年度には、消費税増税の子育て世帯への影響を緩和するために、1回限りの「子育て世帯臨時特例給付金」が1人につき1万円支給されました（所得制限あり）。

現在のところ「年少扶養控除」は廃止されたままです。「年少扶養控除」では、所得から、15歳までの子ども1人につき所得税38万円と住民税33万円が控除されていました。それがなくなり、実質的に収入減になっている人もいます。「年少扶養控除」の復活を望む声がよく聞かれます。

届け出先／市区町村

育休中は、休む前の給料の50%〜67%が雇用保険からもらえる

育児休業給付金 国

もらえるお金

給料の50%〜67%

期間は1年間。契約社員や父親も受給可能

働いていて雇用保険に加入している人が出産すると、「産前産後休業」に引き続き、子どもが1歳になる日まで「育児休業（育休）」をとることができます。

育休中は収入が減ってしまうことが多く、それを補うために育休中に雇用保険から支給されるのが「育児休業給付金」です。出産しても仕事を辞めることなく、安心して休暇がとれるようにすることが目的です。一定の条件を満たせば、正社員だけでなく契約社員などにも支給されますが、契約社員で実際にもらっている人はまだ少ないようです。

育児休業給付金は、子どもの1歳の誕生日前日までの期間のうち、実際に育休を取得した日数分もらえます。保育所に入所を希望したのに入れなかった場合などは、1歳6カ月に達するまで育休を延長することができ、育児休業給付金の支給も延長されます。

育休は父親も取得可能で、最近は育休をとる父親が少しずつ増えています。父母が交代か、あるいは同時に育休をとるときは、「パパ・ママ育休プラス」という制度があり、1歳2カ月まで延長して育休が取得できます。このとき育児休業給付金は、父母それぞれに

1年間を上限に支給されます（母親は出生日と産後休暇も含めて1年間が上限）。

育児休業給付金の金額は、次のページの図のように「休業開始時賃金日額×支給日数×50%〜67%」。つまり、残業代なども含めた休業前賃金の半分以上の金額がもらえるのです。最長で、子どもが1歳6カ月になるまでもらえます。子育て家庭にとっては心強い制度だといえるでしょう。会社によっては、育児休業中でも給料をもらえるところがあります。給料の金額によって、図のように育児休業給付金の金額が変わってきます。まず、給料が「休業開始時賃金の30%以下」なら育児休業給付金はそのまま全額もらえます。「休業開始時賃金の30%を超えて80%未満」だと、休業開始時賃金の80%の金額から給料を引いた差額になります。そして給料が「休業開始時賃金の80%以上」は、育児休業給付金は支給されません。育児休業給付金とは、あくまでも収入減を補うためのものだからです。

現在の深刻な少子化を食い止めるためには、育児休業を取得した人が経済的に困らない仕組みづくりに力を入れる必要があると考えられています。そこで育児休業給付金の「育休前の賃金の50%」という割合が、2014年度から引き上げられて、「育休取得から6カ月間は給付率67%」となりました。

届け出先／勤務先、ハローワーク（公共職業安定所）

育児休業給付金の支給額

休業開始時賃金日額(1) × 支給日数
（賃金月額）

×

67%（6カ月間）
〜50%

（1）休業開始時賃金日額とは原則として、
育児休業開始前6カ月間の賃金を180で割った数です

※賃金月額には上限があります

育休中に会社から給料をもらっている場合の育児休業給付金の支給額

賃金が休業開始時賃金月額の…

30%以下	30%を超えて80%未満	80%以上
↓	↓	↓
賃金月額の50%相当を支給	賃金月額の80%相当額と事業主から支給される賃金の差額を支給	支給されません

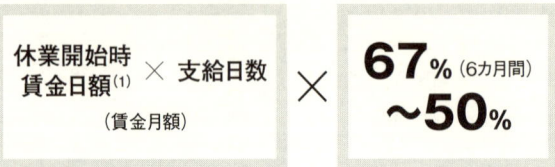

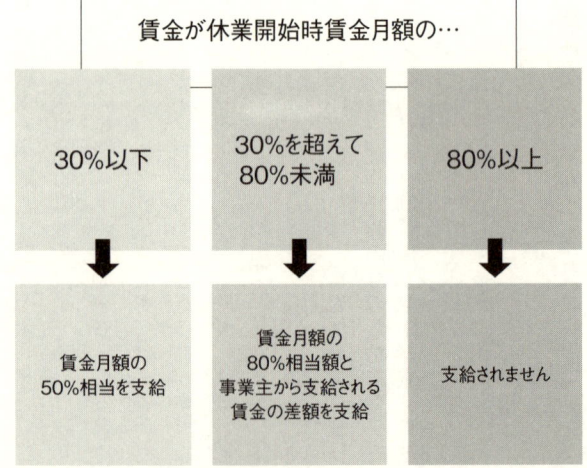

健康保険と厚生年金の保険料がタダに

育児休業中の社会保険料免除　国

もらえるお金

社会保険料が免除に

2014年4月からは産休期間も免除に

育休中の人は男女どちらでも、申請すれば社会保険（厚生年金・健康保険）の保険料が免除されます。これが「育児休業中の社会保険料免除」です。免除されるのは、本人の負担分と事業主の負担分の両方です。労使双方にとって有利な仕組みだといえるでしょう。

免除される期間は、通常は子どもの1歳の誕生日までです。保育所に入所を希望しても入れなかったなどの理由があって、1歳6カ月まで延長して休業するときは、1歳6カ月まで免除されます。それ以降も、育児休業制度に準ずる会社独自の休業制度を使って休みを取得する場合は、3歳の誕生日まで保険料免除が続きます（次のページの図参照）。保険料を免除されている期間中も、病院などではこれまで通り、3割負担で保険診療を受けることができます。

これまで間違いやすかったのですが、社会保険の保険料を免除されるのは「育児休業」期間だけで、「産休（産前産後休業）」期間中の免除はありませんでした。それが2014年4月からは、「産休」期間についても免除が始まりました。

育休中の社会保険料免除期間

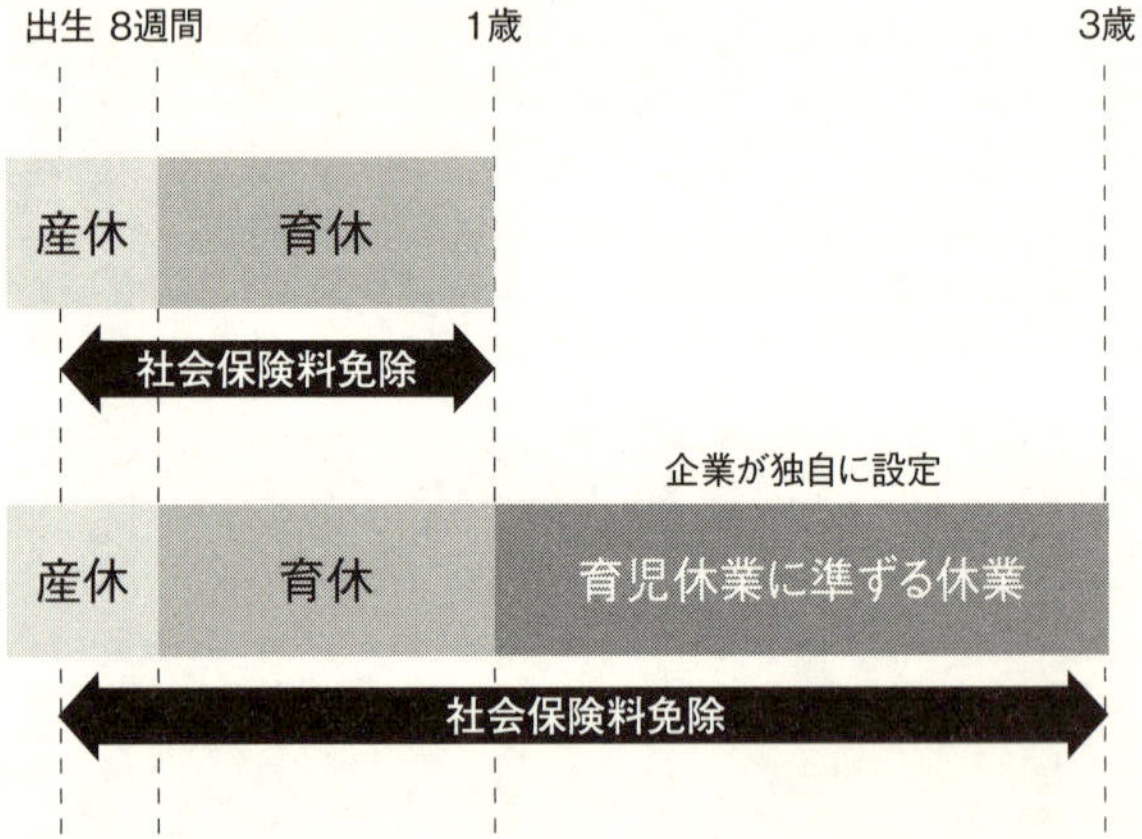

厚生年金保険料の免除には大きなメリットがあります。それは、免除されたからといって将来受給する年金額が下がる心配がないことです。免除された期間は、保険料を払った期間として算定されるのです。また、育児休業終了後に仕事に復帰しても、給料が下がることがありますが、そのときには、保険料に反映され、保険料を安くしてもらえるのも利点です。支払う保険料が安くなったとしても、子どもが3歳になるまでは、出産前の給料が高かったときと同じ保険料を払っているとみなされます。育児休業をとった人が、将来の年金額で不利にならないよう、さまざまな工夫がこらされているのです。

届け出先／
勤務先、ハローワーク（公共職業安定所）

18歳までの子どもがいる1人親家庭を経済的に支援

児童扶養手当 国

もらえるお金

月額1万円〜約4万円

2人以上の場合は加算あり

両親が離婚したり、両親のどちらかが亡くなったなどの理由で、1人親家庭となっている子どもの父や母、または養育者に支給されるのが「児童扶養手当」です。次のページの図のように、両親のどちらかに重度の障害がある場合や、DV保護命令が出ているときなども該当します。支給を受けることができるのは、子どもが18歳に達した最初の3月末まで（子どもの心身に障害があるときには、子どもが20歳に達する月まで）です。

手当の額は、図のように月額4万1020円で、子どもが2人以上のときには加算があります。子どもの人数と所得によっては、一部支給となる場合や、支給されないことがあります。たとえば子ども1人の場合、前年所得が57万円未満なら全額支給ですが、57万円以上230万円未満だと一部支給、230万円以上だと所得制限のために支給されません。

また、死亡について支給される公的年金や労災法の遺族補償給付などを受けている場合は、年金額が児童扶養手当額より低い人は、その差額分を受給できます（2014年12月以降）。

届け出先／市区町村

児童扶養手当の支給額（月額）＜子ども1人の場合＞

全部支給	一部支給
所得 57万円未満	所得 57万円〜230万円未満
4万1020円	4万1010円〜9680円

※個々の手当額については、市区町村に問い合わせを

児童扶養手当の支給要件

1 父母が婚姻を解消した子ども
2 父または母が死亡した子ども
3 父または母が一定程度の障害の状態にある子ども
4 父または母が生死不明の子ども
5 父または母が1年以上遺棄している子ども
6 父または母が裁判所からのDV保護命令を受けた子ども
7 父または母が1年以上拘禁されている子ども
8 婚姻によらないで生まれた子ども
9 棄児などで父母がいるかいないか明らかでない子ども

※このほかの支給要件もあります

1人親家庭に対する自治体独自の支援事業

児童育成手当　自

もらえるお金

月額1万3500円

自治体によって制度の有無が異なります

「児童育成手当」は、親と死別、あるいは親が離婚したために、父または母がいない子どもを養育している人に支給される自治体独自の制度です。自治体によっては「1人親家庭手当」などと呼ばれていることもあります。

名称や支給対象者が似ている「国」の制度に「児童扶養手当」があります。まぎらわしいのですが、「児童扶養手当」は国の制度なので、すべての自治体で実施されているのに対し、「児童育成手当」があるのは一部の自治体だけです。自分の自治体に制度があるかどうか、問い合わせてみるとよいでしょう。もしある場合は、要件を満たせば「児童育成手当」と「児童扶養手当」の両方を受給することができます。

たとえば、東京都の「児童育成手当」では、都内に住み、死別や離婚などで父または母がいない子どもを養育している人が対象となります。子どもが18歳になった最初の3月末まで、月額1万3500円が支給されます（所得制限あり）。

届け出先／市区町村

子どもが安心して病院にかかれるように医療費負担を軽減

乳幼児・子ども医療費助成 自

もらえるお金

医療費の全部か一部を免除

自治体によって制度の有無、対象年齢が異なります

子どもが小さいうちは、病気にかかったり思わぬケガをしたりして、医療機関のお世話になることが多いもの。そんなときに心強いのが、乳幼児や子どもを対象とした「医療費助成」制度です。医療機関でかかった診察代や入院代、薬代などの自己負担分の全額または一部を自治体が負担してくれます。子育て家庭には大変助かる制度ですが、自治体によって内容が異なります。所得制限がある場合もありますので、確認が必要です。

対象となる子どもの年齢は、就学前までの自治体もあれば、小学校卒業まで、中学校卒業までを対象としている自治体などさまざま。厚労省によると2012年には全国の市区町村のうち約58%が、中学校卒業まで助成しているそうです。さらに福島県の全市町村、東京都千代田区などは、高校卒業にあたる18歳の年度末まで行っています（千代田区以外の東京23区は中学校卒業まで）。

多くの自治体では、窓口で「受給者証」を提示すれば医療費がかからない仕組みになっています。また、いったん窓口で自己負担分を支払い、その領収書を市役所などに提出す

特定の乳幼児・子どもを対象とした自治体の医療費助成例

対象児	制度名	対象となる疾患、状況
未熟児	養育医療	出生体重が2000g以下、運動異常、循環器や呼吸器の異常、強度の黄疸など
慢性疾患	小児慢性特定疾患治療研究事業	がん、ネフローゼ、先天性代謝異常など
難病	特定疾患治療研究事業	進行性筋ジストロフィー、ミトコンドリア病など
身体障害	自立支援（育成）医療	肢体不自由、視覚障害、内臓障害など
ひとり親家庭など	ひとり親家庭小児医療費助成制度	ひとり親、両親がいないなど

ると、後日、医療費が振り込まれるという自治体もあります。

そのほかにも、上の図のように特定の乳幼児や子どもを対象とした医療費の助成があります。

たとえば未熟児で生まれた子どもで、医師が指定医療機関への入院が必要だと認めた場合は、医療費が助成されます。対象となるのは、出生時の体重が2000g以下、運動異常、循環器や呼吸器の異常、強度の黄疸《おうだん》などがある場合です。助成額は自治体によって異なります。自己負担分が全額助成されるところもあれば、一部、自己負担金があるところや、所得制限が設けられているところもあります。

届け出先／市区町村

私立幼稚園の保育料を軽減し、幼児教育の普及を目指す

私立幼稚園就園奨励助成金 自

もらえるお金

年額
約30万円まで補助

自治体によって制度の有無が異なります

地域にもよりますが、一般的な公立幼稚園の保育料は1カ月6000円前後~1万円前後なのに対し、私立幼稚園の保育料は月3万円前後かかります。そのため保護者の経済的負担が大きくなっています。多くの自治体では、公立幼稚園と私立幼稚園の保育料の格差を解消するため「私立幼稚園就園奨励助成金」を交付しています。

助成金額は、所得や幼稚園児の人数、兄弟姉妹などによって異なります。

神奈川県横浜市の市民税額非課税の世帯では、在園児1人目で小学校1年生から3年生の兄姉がいない場合は年額19万9200円、2人目は25万3000円、3人目以降30万8000円となっています。助成金の申請、交付は幼稚園を通して行われます。

申請書類の配布は6~7月というところが多いのですが、助成金の交付は横浜市が12月ごろ、千葉県千葉市は2月、鹿児島県鹿児島市は11月と3月などばらつきがあります。途中入園者の申請も、追加申し込み時期が決まっているところや、月割計算のところなどがあります。

届け出先／市区町村

生活困窮世帯を対象に小中学校の諸経費を援助

就学援助　自

もらえるお金
給食費や学用品費を援助

自治体によって制度の内容が異なります

小中学校の義務教育期間は、授業料や教科書代は無償ですが、給食費、学用品、運動着、校外活動費などは、保護者が費用を負担します。文部科学省の調査によると、公立小学校では年間約10万円、中学校では約17万円の費用がかかるとされています。これらの費用の支払いが困難とみなされた保護者のために「就学援助」という制度があります。

援助が受けられるのは、生活保護法第6条第2項で規定されている要保護者（現に保護を受けているといないとにかかわらず、保護を必要とする状態にある者）または、準要保護者（要保護者に準ずる困窮者）です。大まかな目安として、生活保護を受けている、低所得、児童扶養手当を受けている、市民税非課税世帯などです。具体的な要件は、市区町村によって異なります。特に上限所得は世帯構成や年齢など、個々の条件に応じて変わってきます。また文部科学省で認めている援助が受けられる対象品目も、自治体によって違います。

届け出先／市区町村

子育て家庭の家族みんなが使えるお得なカード

子育て支援パスポート 自

もらえるお金

店舗で割り引きサービス

自治体によって制度の有無、内容が異なります

地域全体で子育て家庭を支援し、子どもを育てやすい街づくりを目指す「子育て支援パスポート」事業が全国的に行われています。自治体の少子化対策の一環として、地元企業の協力を得て実施している事業です。子育て家庭にパスポートカードを配布し、協賛店でそのカードを提示すると、割引などのサービスが受けられるしくみです。

内閣府の2012年の調査によると、東京都と沖縄県を除くすべての道府県が「子育て支援パスポート」事業を実施。一部の市町村でも独自に行われているそうです。東京都は都全体のものはありませんが、一部の区や市などで独自に行われています。

対象となるのは「18歳未満の子どもがいる家庭」という自治体が多いですが、子どもの年齢が「中学生以下」「小学生以下」「未就学児」の家庭が対象のところもあります。

たとえば埼玉県では、中学3年生までの子どもがいる家庭と妊娠中の人がいる家庭に「パパ・ママ応援ショップ優待カード」が配布されています。このカードを協賛店で提示すると、サービスを受けられるのです。子どもの父母に限らず、同居している祖父母など

おもな子育て支援パスポート事業

自治体	事業名	対象	協賛店舗数
埼玉県	パパ・ママ応援ショップ優待制度	中学生以下の子どもがいる家庭 大人だけのときも利用可・妊婦使用可	1万8963店舗
静岡県	しずおか子育て優待カード	18歳未満の子どもがいる家庭 子ども同伴で利用・妊婦使用可	6642店舗
大阪府	まいど子でもカード	18歳未満の子どもがいる家庭 大人だけのときも利用可・妊婦使用可	1万1332店舗
福岡県	子育て応援の店推進事業	未就学児のいる家庭 子ども同伴で利用・妊婦使用不可	2万133店舗

家族全員で使えます。協賛店は県内に1万8000店以上。業種もバラエティに富んでいて、飲食店やスーパー、ドラッグストアをはじめ、クリーニング店、銀行、自動車販売会社まで多種多様です。サービス内容も店によって実にさまざま。子育て家庭に人気なのは、代金の5％割引、ポイントカードのポイント2倍サービス、飲食店でのドリンクサービスなどだそうです。県外のレジャー施設とも提携していて、千葉県にある鴨川シーワールドや、福島県のスパリゾートハワイアンズなども割引になります。

届け出先／市区町村

コンサートからインフルエンザ予防接種まで

子育て家庭への家計支援 自

もらえるお金

さまざまな割り引きサービス

自治体によって制度の有無、内容が異なります

前項で紹介した「子育て支援パスポート」事業以外にも、ユニークな「子育て家庭への家計支援」を行っている自治体があります。いくつか紹介しましょう。

東京都杉並区では、子育て支援サービスに利用できる「子育て応援券」を無料配布しています。区内に3カ月以上住んでいれば、出生時に4万円分、0～2歳児は毎年2万円分がもらえます。利用できるサービスは、家事援助、子育て相談、託児サービス、リトミック、地域イベント、コンサート、インフルエンザ予防接種など多岐にわたります。子育ての負担感を軽減する効果があり、親子で地域に踏み出す第一歩になっているようです。

ほかに、神戸市の「エコファミリー制度」では、土日や祝日、夏休み、年末年始に市バスや地下鉄などに乗るとき、大人1人につき小学生以下の子ども2人まで無料になります。

また広島県神石高原町《じんせきこうげん》は、小学校入学時に祝い金として、第1子には10万円、第2子には20万円、第3子には30万円を養育者に支給しています。

届け出先／市区町村

私立高校の授業料の一部を国が学校に支給する

高等学校等就学支援金制度

国

もらえるお金

年額11万8800円〜

2014年度から年収910万円以上は支給なしに

2010年、公立高等学校の授業料が一律無償化となり、同時に私立高等学校の生徒のために「高等学校等就学支援金制度」が設けられました。2014年度の入学者から制度が変更され、国公私立問わず授業料について、1人あたり最大年額11万8800円が支給されます。また私立の場合、保護者の年収が250万円未満の世帯では年額29万7000円、250万円から350万円未満の世帯では年額23万7600円、350万円から590万円未満の世帯では年額17万8200円が支給されます。支援金は学校に支給され、授業料の一部と相殺しています。生徒は授業料から支援金が差し引かれた額を納めます。

なお2014年4月からは、高校の授業料無償化に所得制限が設けられ、世帯年収910万円以上の世帯は授業料が全額負担となりました。一方、所得制限で余った財源で、低所得の世帯を対象に返済の必要のない「高校生等奨学給付金」（年額2万7800円〜13万8000円程度）が新設されました。国の給付型奨学金制度は初めての導入になります。

届け出先／私立高等学校、国立高等学校

私立高校の授業料を軽減し、無償化を進める自治体も

私立高等学校等授業料軽減助成 自

もらえるお金

授業料が軽減または無料に

自治体によって制度の有無、内容が異なります

都道府県や市などの地方自治体でも、独自の「私立高等学校等授業料軽減助成」を行っています。これは私立高校に通う生徒の保護者の経済的な負担を軽減するために、授業料の一部を助成する制度です。前項の「高等学校等就学支援金」とあわせて受けることができます。

東京都を例にとると、東京都私学財団が同事業を行っています。年収が約760万円未満の家庭が対象で、軽減額は収入に応じて年間10万3400〜13万2000円。高等学校等就学支援金と合算して、保護者が支払う授業料と同じ金額までが助成されます。

また大阪府は私立高校の授業料の無償化を進めています。2011年度から行われていて、大阪府在住の年収約610万円未満の世帯が対象。高等学校等就学支援金に加えて府独自の「私立高等学校等授業料支援補助金」を支給することにより、私立高校の授業料を実質無償化しています。年収約800万円未満の世帯については、授業料が年額10万円の負担ですむようになっています。

届け出先／私立高等学校

350万円まで借りられる公的な教育ローン

教育一般貸付（国の教育ローン）国

もらえるお金

1人につき350万円まで金利を優遇

利用には所得制限などの条件あり

子どもの教育費は家計に重くのしかかっています。2012年の日本政策金融公庫の調査によると、高校入学から大学卒業までに子ども1人にかかる費用は、平均で1031万円にものぼるそうです。教育費の捻出に頭を悩ませている家庭も多いことでしょう。

教育費を借りようと考えるとき、「奨学金」（42、45ページ参照）を考えられる方が多いようです。奨学金は教育を受ける子ども自身が借り手となり、自分の責任で返済していかなければなりません。

教育費を借りるもう一つの手段に「教育ローン」があります。こちらは親が借り手となるもの。一般のローンに比べて低金利になっています。なかでも日本政策金融公庫の「教育一般貸付（国の教育ローン）」は公的なローンなので、金利が優遇されています。

「国の教育ローン」で対象となる進学先は、大学、短大、大学院、高校、高等専門学校、専修学校、予備校、海外の大学などです。使える用途も入学金、授業料、受験料、アパート家賃、教科書代、通学代、修学旅行代など幅広く、1年間に必要な費用を子ども1人につき350万円まで融資してもらえます（1年以上の外国留学では450万円以内）。

ローンの利用には所得制限があり、たとえば子どもが1人いる世帯なら年収790万円（所得が590万円）、子どもが2人いる世帯なら年収890万円（所得が680万円）が上限となります。ただし子どもが1人か2人の場合でも、次の図の下の条件に一つでもあてはまるときには、上限金額が年収990万円（所得が770万円）になります。

ローンの申し込みは一年中いつでもできます。入学金の支払いなどに間に合うように申し込むとよいでしょう。通常、申し込みから審査、契約を経て2週間ほどで入金されます。受験シーズンは混み合いますので、余裕をもって申し込むことをおすすめします。

借りるときには連帯保証人または教育資金融資保証基金（融資金額から保証料が差し引かれる）による保証が必要です。金利は年2・25％（2014年12月10日現在）で返済期間は15年以内。返済方法は、毎月均等の金額を返済する方法、ボーナス時に増額する方法などから選択できます。無理のない返済計画を立てましょう。

届け出先／日本政策金融公庫

国の教育ローンの利用要件

融資の対象となる学校に入学する生徒の保護者で、
世帯年収（所得）が下表の金額以内の人

子どもの人数	1人	2人	3人	4人
世帯年収（所得）	790万円（590万円）	890万円（680万円）	990万円（770万円）	1090万円（860万円）

または

子どもの人数	1人	2人
以下の〈要件〉に一つでも該当する人 世帯年収（所得）	990万円（770万円）	

要件

1 借入申込人またはその配偶者が単身赴任

2 返済負担率（借入申込人の借入金年間返済額÷年間収入）が30%超

3 勤続（営業）年数が3年未満

4 居住年数が1年未満

5 親族などに要介護（要支援）認定を受けている人がいて、その介護に関する費用を負担している

6 親族などに高額療養費制度、特定疾患治療研究事業、または小児慢性特定疾患治療研究事業による医療費の公的助成制度を利用している人がいて、その療養に関する費用を負担している

7 世帯のいずれかの人が自宅外通学（予定）者

8 今回の融資が海外留学資金

9 世帯年収に占める在学費用の負担率が30%超

10 世帯年収に占める在学費用＋住宅ローンの負担率が40%超

※年収990万円以内で子どもが1～2人の場合、
図の1～10の要件に一つでもあてはまれば「国の教育ローン」を利用できる。

ろうきんやJA、銀行にもある教育ローン

民間の教育ローン 民

もらえるお金

1千万円まで 金利を優遇など

金融機関によって金利など内容が異なります

子どもの教育資金を借りる方法として、前項では「国の教育ローン」を紹介しました。民間にも、ろうきんやJAバンク、一般の銀行などに「教育ローン」があります。

例として、中央ろうきんの「教育ローン」をみていきましょう。ろうきんとは労働組合員や生協組合員のための金融機関。全国に13のろうきんがあり、「教育ローン」はそれぞれ融資額や金利などに違いがあります。一般の人も利用することができますが、組合員に比べて金利が割高になります。中央ろうきんの場合、融資額は上限1000万円までと高額で、対象となる進学先も幼稚園から大学まで幅広いのが特徴です。入学金、受験料、授業料、留学費用などに利用できます。返済期間は最長15年。保証人は不要で、中央ろうきんが指定する保証協会に払う保証料が必要になります。

ほかにも図に民間の「教育ローン」をまとめています。詳しくは各金融機関に問い合わせるとよいでしょう。

届け出先／各金融機関

おもな民間の教育ローン

ろうきん「教育ローン」	<中央ろうきん(中央労働金庫)の場合> **借入金:1000万円まで** **借入期間:15年以内** 金利(10年以内の場合): 労働組合員・生協組合員等は1.70% (固定金利・2015年4月まで) 一般の人は2.20% (固定金利・2015年4月まで)
JAバンク「教育ローン」(注)	<JAなごやの場合> **借入金:10万~500万円** **借入期間:13年6か月以内** 金利:固定金利か変動金利を選択 固定金利(借入れ期間3年の場合)は3.70% (2015年1月) 変動金利は3.075% (2014年10月~2015年3月)
三井住友銀行「教育ローン」	**借入金:10万~300万円** **借入期間:10年以内** 金利:2.475% (変動金利・2014年12月、無担保型)
りそな銀行「りそな教育ローン」	**借入金:10万~500万円** **借入期間:10年以内** 金利:3.475% (変動金利・2014年12月)

(注)JAによっては、組合員であることが利用条件の場合あり

Uターン就職で返済が一部免除になるタイプが人気

奨学金 国 自

もらえるお金

月額5万円前後

自治体のものには一部返済免除のタイプも

近年、奨学金を利用して勉学に励む人が増加しています。奨学金とは、学習意欲がありながら経済的に困窮している学生に、学費や生活費などを支給する制度。日本学生支援機構の2010年の調査によると、奨学金を利用している大学生は、全体の50・7％にもなるそうです。もはや奨学金は大学生活に欠かせない存在だといえます。

奨学金には大きく分けて二つのタイプがあります。一つは、あとから返済しなければならない「貸与型」。学生のときに奨学金の支給を受けて、卒業後に学生本人が毎月少しずつ返済していきます。もう一つの奨学金のタイプは「給付型」。返済不要のいわば「もらえるお金」ですが、こちらは数が限られています。

奨学金といえば、多くの人は「日本育英会」を思い浮かべるのではないでしょうか。かつては「貸与型」の代表格でした。現在は、大学生や高等専門学校生などの奨学金は「独立行政法人日本学生支援機構」に、高校生の奨学金は都道府県に業務移管されています。

大学や高等専門学校などの学生は、学力・人物・健康、および家計状況などについての審査が通れば、日本学生支援機構から奨学金を借りることができます。貸与される金額は、どこに進学するかによって異なります。

たとえば、国公立の大学へ進学する場合、自宅から通学する人で月額4万5000円、自宅外から通学する人で月額5万1000円が、本人名義の口座に振り込まれます。（ともに2014年度入学者の場合）。入学月を始期として奨学金の貸与を受ける人は、希望すれば、入学月の基本額に10万～50万円の金額を増額することも可能です（条件あり）。

ただし、これはあくまでも貸与されるものなので、返還しなければいけません。返還は決められた期間内に月賦、月賦・半年賦併用のいずれかで行います。2012年度以降の無利子奨学金を受けた本人が、卒業後に年収300万円を得るまでは、返還期間を猶予する「所得連動返還型無利子奨学金制度」もあります。

もう一つの奨学金のタイプである「給付型」は、「もらえるお金」ですが、対象者は限定的です。地方自治体に、「給付型」奨学金制度が設けられているところがありますので、いくつか紹介します。

東京都を例にとると、江戸川区の「木全《きまた》・手嶋育英資金奨学生」では、区内に1年以上在住し、経済的に困窮している人が4年制大学に行く際、大学入学金として20万円、奨学金として年35万円を給付します。また武蔵野市には「武蔵野市奨学金」があります。市内に6カ月以上在住し、経済的に困窮していて高校に進学または在学する人に、月額1万2000円を給付します（所得制限あり）。

最近、話題になっているのが、香川県の「香川県大学生等奨学金」。大学卒業後に県内にUターン就職すれば、奨学金として支給された月額3万～6万4000円のうち、1万5000円×貸付月数が免除されるというもの。所得制限があり、募集人数は100名ですが、初年度の2012年度には、数倍もの応募があったそうです。同様の取り組みが、ほかの自治体でも行われるようになっています。

自治体の奨学金についての情報は、「独立行政法人日本学生支援機構」のホームページの「地方公共団体・奨学事業実施団体が行う奨学金制度」に、詳しく載っています。

届け出先／日本学生支援機構、各都道府県

大学独自の「給付型」奨学金が増加中

奨学金（大学独自の奨学金）民

もらえるお金

年額40万円～180万円

入学前に、もらえるかわかる大学も

前項のように、「貸与型」の奨学金は卒業後に本人が返済していきます。しかし就職難で卒業後に定期収入が得られず、返済が滞るケースがあとを絶ちません。そのため、奨学金の利用を躊躇《ちゅうちょ》してしまう人もいるようです。

このような社会情勢を背景に、注目を集めているのが大学独自の「給付型」の奨学金です。少子化が進むなか、優秀な学生を多数集めたいという大学側の思惑もあるようで、「給付型」の奨学金を出す大学が増えています。

たとえば神奈川大学の「給費生制度」では、毎年、入試に先駆けて給費生試験を行います。給費生に合格すると、入学金等（約33万円）以外の初年度納付金が免除になります。さらに文系の学生には年額100万円が4年間、理工系の学生には年額120万円が4年間給付されるのです。自宅外通学者なら、年額60万円が上乗せされるのも魅力です。最大で720万円もの給付が受けられるという非常に充実した制度です。2015年度の給費生の募集人員は全学部で100名です。

早稲田大学の「めざせ！都の西北奨学金」は、首都圏（東京・神奈川・埼玉・千葉）以外の出身者1200名程度に、年額40万円が4年間支給されます。入試前に書類選考で奨学金採用候補者を認定。候補者が合格すれば奨学金がもらえるという制度です。所得制限がありますが、入試前に奨学金がもらえるかどうかがわかるので、受験生にも好評だそうです。

ほかにも、奨学金の申請をしなくても入試の成績順に奨学金がもらえる大学や、入学前に奨学金の支給が決定する大学が増えています。収入減などにより、子どもの進学資金を準備することが困難な家庭が増加しているので、経済的な不安が取り除かれ、安心して入学できるのは大きなメリットです。大学を選ぶ際の条件の一つにする人もいるようです。

民間企業、財団などにも「給付型」の奨学金制度があります。インターネットなどで調べてみるとよいでしょう。

届け出先／各大学

労災で家計が苦しくなっても学業を続けられる

労災就学援護費 国

もらえるお金

月額1万2千円〜

学校の種類によって支給額が異なります

労働者災害（労災）とは、仕事中や通勤途中における事故やケガのことです。労災によって一家の主たる稼ぎ手が、重度の障害を負ったり長期療養が必要になったり、あるいは亡くなったりした場合、その家庭の多くは収入が大幅に減ってしまいます。子どもの学費の支払いが困難になり、学業を断念せざるをえなくなることもあります。そのような事態にならないよう、労災保険から支給されるのが「労災就学援護費」です。労災の保険給付とは別に支給されます。労災にあった本人が学校に通っている場合にも適用されます。

労災就学援護費がもらえるのは、次のページの図のような遺族年金や障害年金、傷病年金受給者本人またはその子どもが、小学校、中学校、高等学校、大学などに在学中で、学費などの支払いが困難だと認められる場合です。年金給付基礎日額が1万6000円を超える場合はもらえません。支給金額は図のように、在籍する学校によって異なります。2013年度からは、新たに通信制の学校も支給対象となりました。詳細は最寄りの労働基準監督署に確認するとよいでしょう。

届け出先／労働基準監督署

労災就学等援護費の支給額

対象となる学校	支給額（月額）
保育を要する児童・小学校	1万2000円
中学校	1万6000円
高等学校	1万6000円
大学など	3万9000円
<通信制> 中学校、専修学校（一般課程・高等課程）、 特別支援学校の高等部、 中等教育学校の後期課程、高等学校	1万3000円
<通信制> 専修学校（専門課程）	3万円
<通信制> 大学	3万円

労災就学等援護費の支給要件

- 遺族（補償）年金受給者
- 第1～3級の障害（補償）年金受給者
- 傷病（補償）年金受給者
  （特に重篤な方で、在学者である子どもと生計を同じくしている方のみ）

祖父母から孫への教育資金贈与が1500万円まで優遇

教育資金の一括贈与の非課税　国

もらえるお金

1500万円まで非課税に

教育資金だと証明できる領収書が必要

子どもの教育には、長期間にわたって多くの費用が必要になります。子育て家庭にとって、教育費に対する負担感は大きく、祖父母などからの援助を望む人も多いようです。

2013年4月から、教育資金を祖父母から孫へまとめて贈与する際に、1人あたり1500万円までは非課税で贈与できる「教育資金の一括贈与に係る贈与税非課税措置」がスタートしました。2019年3月までの期間限定の制度となる予定です。ニュースなどでも頻繁に取り上げられ、祖父母世代からも高い関心が寄せられています。この制度は「国からお金がもらえる」ものではありませんが、「国の制度」として税金が非課税になることはメリットなので、ここで紹介します。

まず祖父母が、信託銀行や銀行などの金融機関で孫名義の口座を開設し、教育資金として1500万円までのお金を入金します。信託銀行は信託業務に慣れていて、「教育資金贈与信託」などが設けられています。

一方、孫やその親は、学校の入学金や授業料の支払いなど、必要なときに何度でも口座から引き出すことができます。そのとき、教育資金だと証明できる領収書等が必要です。贈与された教育資金のうち、500万円までは習い事や塾など、学校以外の費用にも使うことができます（次のページの図参照）。なお、贈与を受けられるのは「孫」に限定されてはいません。30歳未満の「子」や「ひ孫」が贈与されても、同様に非課税になります。

注意しなければならないのは、30歳になった時点で口座に残金があると、その分には贈与税がかかってしまうということです（30歳以前に孫が亡くなった場合は非課税）。孫がまだ小さければ、将来については不確定要素が多いので、贈与する金額を慎重に考えたほうがよいでしょう。祖父母の老後の生活が困らない範囲内の金額にすることも大切です。孫が複数いるときには、不公平にならないような配慮が必要かもしれません。

誤解している人が多いのですが、この制度を使わなくても、もともと教育資金の贈与は非課税です。入学したときの入学金、進級したときの授業料など、教育資金が必要なときにその都度、贈与すれば非課税になるのです。これを「都度贈与」といいます。ただし翌年の分まで前渡ししてしまうと、翌年分については贈与税がかかります。あるいは「暦年贈与」といって、教育費ではない資金を贈与するときでも、年間110万円までなら非課税になります。ですから、無理に一括贈与を利用しなくてもかまわないのです。

「教育資金」として使える用途

1500万円の枠
学校等への直接支払い

授業料	施設整備費
学校を通して購入する物品費	遠足・修学旅行代金　など

1500万円のうちの500万円まで
学校以外の教育サービスへの支払い

習い事の月謝	学習塾・予備校の授業料 など

それでは一括贈与にするメリットはなんでしょうか。一つは、祖父母が健在でいるうちに前もってまとめて贈与でき、それが非課税になることです。二つ目は、一度の手続きですみ、都度贈与や暦年贈与のように何度も贈与する手間が省けること。三つ目は、生活費や遊興費などに回される心配がなく、確実に教育費として使ってもらえることでしょう。教育資金の一括贈与は、メリット、デメリットをよく検討し、賢く利用したいものです。

また、2015年4月からは、結婚や子育てにかかる資金を、子や孫に贈与する際に1人あたり1000万円までは非課税となる制度が新設される予定です。

届け出先／各金融機関

2分の1または3分の1程度の購入補助がある自治体も

チャイルドシート購入費補助 自

もらえるお金

5千円〜1万円

自治体によって制度の有無、内容が異なります

安全のために乳幼児にチャイルドシートを使用するのは保護者の役割。ところがいざ買おうとすると意外に高価です。自治体のなかには、半年などの期限つきで無料で貸してくれるところや、「チャイルドシート購入費補助」事業として、乳幼児1人につき1台限定で、購入費を補助してくれるところがあります。

購入する場合の補助金額は、購入費用の2分の1または3分の1程度で、なおかつ上限金額を5000円〜1万円ぐらいに設定している自治体が多いようです。購入後に領収書や品質保証書を添えて申請する、というのが一般的です。たとえば鳥取県境港市は、6歳未満の乳幼児の保護者に、購入費用の2分の1（上限5000円）を補助しています。

また神奈川県厚木市は、まず市に申請して「厚木市チャイルドシート購入費助成券」をもらいます。その券を持参して、満1歳の誕生日の前日までに、市内にいくつかある協力店でチャイルドシートを購入すると、5000円引きになるという仕組みになっています。

届け出先／市区町村

子どもの防犯ブザーは、半額補助や無料配布もある

防犯ブザー購入費補助 自

もらえるお金
200円〜300円

自治体によって制度の有無、内容が異なります

小学校に入ると、学校の登下校や習い事、塾など、子どもだけで外に出る機会も増えます。その分、不審者に遭遇したり、犯罪に巻き込まれたりする危険性も高まります。子どもに防犯ブザーを持たせる保護者は多く、学校でも持ち歩くよう指導しています。

防犯ブザーの購入希望者に「防犯ブザー購入費補助」を行っている自治体があります。防犯ブザーの値段の半額程度（200〜300円程度）を補助するところが多いようです。学校が購入希望者を取りまとめてくれる場合もあります。自治体によっては、PTAに対してのみ半額補助を行っているところも。もしPTAで一括購入するのなら、個人で買う必要がなくなります。また、法人などから新入生の人数分の防犯ブザーが自治体に寄付され、それが各小学校を通して新入生に無料で配布されることもあります。

補助金が出るかどうかや、補助金の対象者などは自治体によって違いますし、無料でもらえる場合もあります。買う前に、お住まいの自治体に確認するとよいでしょう。

届け出先／市区町村

東京都在住の受験生に無利子で貸付

受験生チャレンジ支援貸付事業 自

もらえるお金

塾代や、受験料を貸し付け

所得額や資産額の制限あり

収入が少ない家庭の子どもの進学を支援するため、中学3年生と高校3年生の学習塾などの費用や、高校・大学の受験費用を無利子で貸し付けるのが「受験生チャレンジ支援貸付事業」です。東京都独自の事業で、高校や大学などに入学した場合、返済が免除されます。これは大きなメリットだといえるでしょう。

貸付金には、「学習塾等受講料貸付金」と「受験料貸付金」があります。学習塾の費用なら20万円、受験料なら高校受験で2万7400円、大学受験なら10万5000円まで無利子で借りられるのです。1人の子どもが、高校入学と大学入学でそれぞれ一度ずつ利用できます。

貸し付けを受けるには、扶養人数が1人のときに年収が260万円以下などの所得制限や、預貯金等の資産額が600万円以下であることなどの条件があるので、よく確認するとよいでしょう。また連帯保証人も必要です。詳しくは、窓口である市区町村に問い合わせしてみてください。

届け出先／都内の市区町村

第2章　「住まい」について、もらえるお金

ローン残高に応じて10年間減税される

住宅ローン減税 国

もらえるお金

最大500万円が減税に

住宅のタイプによって減税の上限が変わります

住宅は「一生の買い物」ともいわれるように、長期間にわたってローンを返済しなければならないことが多く、家計に大きな負担がかかるもの。その負担を軽減するために導入されたのが「住宅ローン減税」です。２０１４年以降も消費税の引き上げによる税負担を緩和するために、拡充して継続されることになりました。

「住宅ローン減税」とは、確定申告により、住宅ローンの年末における残高（上限あり）の１％の金額が、所得税から減税になる制度です。減税は入居した年から10年間です。

「住宅ローン減税」の対象となるのは、年間所得金額３０００万円以下の人が、床面積が50㎡以上の新築住宅、または築後20年以内（耐火建築物は25年以内）の中古住宅を取得したときです。増改築をした場合も、工事後の床面積が50㎡以上なら対象となります。いずれも10年以上の住宅ローンを利用していることが条件です。

「住宅ローン減税」は、物件の「契約日」や「引き渡し日」ではなく、「入居した日」を基準に考えます。２０１４年４月から２０１９年６月までに「入居」した場合、次のページの図のように、年末のローン残高のうち４０００万円までの金額の1%が減税になります。したがって10年間で最大４００万円の減税になります。減税額が所得税額を上回り、全額減税しきれないときは、残りの分は翌年度の住民税から13万６５００円を上限として減税されます。

一般の住宅よりも厳しい基準の「認定住宅」を新築または購入した場合には、優遇措置があります。「認定住宅」には「長期優良住宅」と「低炭素住宅」の二つがあります。「長期優良住宅」とは、長年にわたって良好な状態で住めるように、耐震性や劣化対策、配管のメンテナンス性などに配慮した住宅。「低炭素住宅」とは、市街化区域等内にあり、省エネ設備などを設置して二酸化炭素排出の抑制に取り組む住宅です。

「認定住宅」は、年末のローン残高のうち、減税の対象となる金額の上限が、一般の住宅よりも高い金額に設定されていて、５０００万円を上限とした金額が減税の対象となるのです。その1%が減税されるので、10年間の減税額は最大で５００万円になります。

住宅の建築は契約から完成までに数カ月を要します。途中に消費税率の引き上げを挟む契約については、経過措置がとられました。注文住宅（ドアの形状等の特別注文ができるマンションも含む）の請負契約を２０１３年9月までに締結していれば、「引き渡し日」

住宅ローン減税の主な内容

	2014年3月末までの入居		2014年4月〜17年末の入居	
	一般住宅	認定住宅	一般住宅	認定住宅
ローンの残高の限度額	2000万円	3000万円	4000万円	5000万円
年間の減税額（上限）	20万円	30万円	40万円	50万円
減税となる期間	10年		10年	
累計の減税額（上限）	200万円	300万円	400万円	500万円
翌年に減税される住民税の上限額	9万7500円		13万6500円	

※認定住宅とは、認定長期優良住宅、認定低炭素住宅を指す

または「入居した日」が2014年4月以降でも、消費税率は5％のままとなるのです。ただしこの場合、住宅ローン減税は図の2014年3月末までのものが適用されます。

また中古住宅は、売り主が個人なら消費税はかかりません。仲介業者がいれば、仲介手数料には消費税がかかりますが、住宅自体は非課税。ただ、見落としがちなのが、住宅ローン減税の拡充（400万円）が適用されるのは、消費税8％が適用される住宅を購入した場合に限られるということです。消費税のかからない中古住宅を買った場合は、住宅ローン減税の控除限度額は200万円のままです。

届け出先／自分の住所地を所轄する税務署

返済に困ったら返済期間や返済額を変更できる

住宅金融支援機構のローン返済救済措置　国

もらえるお金

ローン返済を猶予または減額

収入が2割以上減少すると支払いの一時休止も可能

20年、30年など長期間返済しなければならない住宅ローン。借りた当初は無理のない返済プランであったとしても、長い返済期間の間には予測外の収入減や、予定外の出費などで返済が困難になるケースもあります。住宅金融支援機構では、そのような人のために「返済方法変更メニュー」を用意しています。

メニューは、勤務先の事情などにより収入減になった場合、返済期間を最長15年延長できるAタイプ、一時返済が困難になった人が一定期間返済額を減額できるBタイプ、ボーナスでの返済月や返済額の変更ができるCタイプの3種類があります。Aタイプは、年収や返済負担率などの条件があり、さらに失業中の人や収入が20％以上減少した人は、元金の返済を一時休止し、利息のみを支払うこともできます（最長3年）。ただし、返済期間が延びることにより、減額期間後の返済額や総返済額は増加するので注意が必要です。

具体的な申請手続きについては、返済中の金融機関に連絡します。

届け出先／各金融機関

自己資金で住宅取得をしても受けられる減税制度

投資型減税 国

もらえるお金
最大65万円が減税に
住宅のタイプによって減税の上限が変わります

56ページの「住宅ローン減税」は、10年以上の住宅ローンを組んでいる人しか利用できませんでしたが、ローンを組まずに自己資金だけで取得しても減税される制度があります。

一般の住宅よりも耐震性や劣化対策などに配慮した「長期優良住宅」を建てる場合に適用される制度で「投資型減税（認定長期優良住宅等特別税額控除）」と呼ばれています。

「投資型減税」の対象となるのは「年間所得金額3000万円以下の人」が、「床面積が50㎡以上の『長期優良住宅』を新築するか取得した場合」の、「長期優良住宅の認定基準に適合するために必要となる『標準的なかかり増し費用』」です。2014年4月以降は、「低炭素住宅」も対象になります。

減税額は次のページの図のように、2014年3月までは「標準的なかかり増し費用」の上限額は500万円で、そのうち10％が減税になります。2014年4月以降は上限額が650万円に増えますが、そのうちの10％が減税になることは変わりません。減税期間は、「住宅ローン減税」とは違って1年のみ。「入居した年」の所得税が減税になります。

投資型減税の所得税減税額

入居した日	2014年3月まで	2014年4月～2017年12月
対象となる住宅	長期優良住宅	長期優良住宅・低炭素住宅
標準的なかかり増し費用の上限額	500万円	650万円
減税率	10%	10%
最大控除額	50万円	65万円

床面積1㎡あたりの標準的なかかり増し費用

<table>
<tr><th>建築構造</th><th>2014年3月まで</th><th>2014年4月～2017年12月</th></tr>
<tr><td>木造・鉄骨造</td><td>3万3000円</td><td rowspan="3">4万3800円</td></tr>
<tr><td>鉄骨鉄筋コンクリート造
鉄筋コンクリート造</td><td>3万6300円</td></tr>
<tr><td>上記以外の構造</td><td>3万3000円</td></tr>
</table>

※「かかり増し費用」は床面積1㎡あたりの金額に、床面積を乗じて算出します

もし減税しきれない金額があるときには、翌年の所得税から減税されます。

「標準的なかかり増し費用」は、図のように２０１４年３月までは建築構造によって異なります。２０１４年４月以降は床面積１㎡あたり一律４万３８００円になります。

届け出先／自分の住所地を所轄する税務署

自宅の耐震改修工事をすると、減税になる

住宅耐震改修特別控除 国

地震はいつどこで発生してもおかしくありません。地震に備えて自宅を耐震構造に改修したとき、確定申告をすると、その年の所得税から一定の金額が控除されます。これが「住宅耐震改修特別控除」で、２０１７年12月までの制度となっています。多くの自治体では、耐震改修工事を行うと、その費用が助成されます（76ページ参照）。それに加えて税金面でも優遇されるということです。住宅ローンを組まなくても控除が受けられます。また「住宅ローン減税」を受けている場合は、同時適用が可能です。

対象となるのは、現行の耐震基準が適用となる以前の１９８１年５月までに建築された家屋です。ほかにも次のページの図のような要件があります。

控除額は図のように、２０１４年３月までは「改修費の10％」または「標準的な改修費の10％」のうちの少ないほうの金額で、上限が20万円です。２０１４年４月から２０１７年12月の控除額は、「標準的な改修費の10％」で、上限が25万円です。

届け出先／自分の住所地を所轄する税務署

もらえるお金

最大25万円が減税に

２０１４年４月からは上限額が増額されました

住宅耐震改修特別控除を受けられる要件

以下のすべてをみたすこと

- 自分の住居の耐震改修工事
- 1981年5月31日以前に建てられた家
- 現在の耐震基準に適合

住宅耐震改修特別控除の控除金額

	控除金額
2014年3月まで	実際にかかった改修費 または 標準的な改修費 のうち、いずれか少ないほうの10% （上限20万円）
2014年4月〜 2017年12月	標準的な改修費の10% （上限25万円） （耐震改修工事限度額　250万円）

※補助金などがある場合は、その金額を除いて計算します

自宅をバリアフリーや省エネに改修すると減税になる

住宅特定改修特別税額控除 国

もらえるお金

最大20万円が減税に

2014年4月からは上限額が増額されます

前項では、自宅を耐震構造に改修した際に所得税が控除になる「住宅耐震改修特別控除」を紹介しました。ここでは自宅をバリアフリー住宅や省エネ住宅に改修したときに、確定申告により所得税が控除される「住宅特定改修特別税額控除」について説明します。

現在住んでいる自宅を改修して、高齢者が住みやすいようなバリアフリー住宅にしたり、断熱の性能を上げてエネルギー消費量を減らす省エネ住宅にすると、その年の所得税から一定額の控除が受けられます。各自治体にもバリアフリーやエコ住宅への改修工事に対する助成がありますが（78ページ参照）、「住宅特定改修特別税額控除」は税金面での優遇措置です。２０１７年12月までの制度となっています。

この制度では、住宅ローンを組まなくても所得税の控除が受けられます。もし「住宅借入金等特別控除（住宅ローン減税）」、あるいは「特定増改築等住宅借入金等特別控除（一定の要件を満たす自宅の増改築の住宅ローンで、年末残高の一定額が5年間控除される）」にもあてはまる場合は、同時には適用されません。どれかを選択することになります。

対象となるのは、年間所得金額が３０００万円以下の人が自宅の改修を行い、改修後の家屋の床面積が50㎡以上の場合です。また工事費用が、２０１４年3月までは30万円を超える場合、２０１４年4月以降は50万円を超える場合に対象となります。

次に、どのような改修工事が控除の対象になるかをみていきます。

まず「バリアフリー改修工事」のほうは、次のページの図にある「特定居住者」による改修工事で、「浴室改良」や「手すりの設置」などが対象となります。

一方、「省エネ改修工事」の方は、図のように①の「すべての部屋の全部の窓の改修工事」は必須。それ以外の②～⑤（２０１４年4月以降は⑥も入る）の工事は①と併せて行うものに限ります。どの工事についても、「次世代省エネルギー基準（平成11年基準）」以上であることが必要です。

控除金額は次のページの下の図のように、２０１４年3月までと２０１４年4月以降とで異なります。なお２０１４年3月までは、バリアフリーと省エネ両方の改修を同じ年に行った場合、控除額は合計で20万円ですが、２０１４年4月からはそれぞれの限度額の合計となります。

届け出先／自分の住所地を所轄する税務署

住宅特定改修特別税額控除の対象となる工事

バリアフリー改修工事	省エネ改修工事
「特定居住者」による 以下の工事 ①廊下の拡幅 ②階段の勾配の緩和 ③浴室改良 ④トイレ改良 ⑤手すりの設置 ⑥屋内の段差の解消 ⑦引き戸への取り替え工事 ⑧床表面の滑り止め化	①すべての部屋の 全部の窓の改修工事（必須） ※以下の②～⑥は、 ①と併せて行う場合に対象となる ②床の断熱工事 ③天井の断熱改修工事 ④壁の断熱工事 ⑤一定の太陽光発電設備設置工事 ⑥一定のエネルギー使用 合理化設備設置工事 （2014年4月～）

「特定居住者」…以下のいずれかにあてはまる人

a. 50歳以上の人
b. 要介護または要支援の認定を受けている人
c. 所得税法上の障害者である人
d. 65歳以上の人と同居している親族
e. 「b」または「c」にあてはまる人と同居している親族

住宅特定改修特別税額控除の控除金額

工事の種類	バリアフリー改修工事	省エネ改修工事
2014年 3月まで	実際にかかった改修費　または　標準的な改修費 のうち、いずれか少ないほう（上限200万円）の10%	
2014年 4月～ 2017年 12月	標準的な改修費 （上限200万円） の10%	標準的な改修費 （上限250万円） の10%

※補助金などがある場合は、その金額を除いて計算します
※「省エネ改修工事」に太陽光発電設備設置工事が含まれる場合、上限額にそれぞれ100万円が加算されます

親や祖父母からの住宅資金援助が非課税に

住宅取得等資金の贈与税の非課税 国

もらえるお金
最大1千万円まで非課税
ほかの制度も組み合わせればさらに増額可能

父母や祖父母などから住宅取得の資金を援助してもらうとき、2019年6月までは「住宅取得等資金の贈与税の非課税」制度が利用できます。2012年から施行された制度で、要件を満たせば一定金額までは贈与税がかかりません。

この制度を利用できるのは、20歳以上で次の①と②を満たす人です。
①贈与を受ける人の1年間の合計所得金額が2000万円以下。
②2019年6月までに贈与を受けて住宅の新築や取得、または中古住宅を購入。翌年までに入居するか、入居確実だと見込まれる場合。

さらに中古住宅の場合は、築20年（耐火建築物は25年）以内で、住宅の床面積が50㎡以上240㎡以下であることなどの条件も加わります。

贈与の非課税額の上限額（非課税限度額）は、「省エネ等住宅」であるかどうかで異なります。「省エネ等住宅」とは、断熱性や耐震性が一定基準以上に適合する住宅。2014年の「省エネ等住宅」の非課税限度額は1000万円（2015年度は1500万円となる見込み)、それ以外の一般住宅の非課税限度額は500万円になります。

この贈与の非課税額をアップさせる方法があります。夫婦で家を購入するなら、共有名義にすることです。なぜなら、贈与の非課税制度が利用できるのは、住宅を取得する本人の直系尊属からの援助だけ。配偶者の直系尊属からの贈与は非課税になりませんが、共有名義にすれば、両方の親から非課税で援助を受けることができるからです。

また、71ページにある「相続時精算課税の非課税額2500万円」、あるいは1年間に贈与される金額の非課税枠である「暦年課税の非課税額110万円」のどちらかを選択して併用する方法もあります。ただし両方を利用することはできません。

たとえば、「暦年課税の非課税額110万円」を併用して贈与を受ける場合、「省エネ等住宅」なら1110万円(1000万円+110万円)まで非課税になります。夫婦両方の親から贈与が受けられれば、その2倍で非課税額が2220万円になるのです。

若い世代は経済的に苦しくても、その親や祖父母の世代は、十分な資産をもっていることが往々にしてあります。そうした資産を子どもや孫に非課税で移動する手段として、この制度は有効だといえます。2014年12月以降もこの制度を継続し、限度額も最大3000万円とするように検討されています。

届け出先/自分の住所地を所轄する税務署

2500万円以内の生前贈与が非課税になる
相続時精算課税制度　国

もらえるお金
最大2千500万円まで非課税
ほかの制度も組み合わせればさらに増額可能

前項でも少しふれましたが「相続時精算課税」について説明します。「相続時精算課税」は、親から贈与してもらう2500万円以内の生前贈与が非課税になる制度です。親から子世代への生前贈与を促し、消費の拡大を図るために2003年に設けられました。

65歳以上の親が、20歳以上の子ども（子どもが亡くなっているときは20歳以上の孫も含む）に財産を贈与するとき、子どもは年間110万円までが非課税になる「暦年課税」か、「相続時精算課税」かのいずれかを選びます。「相続時精算課税」を選ぶと、その親から一生のうちに贈与される通算2500万円以内の生前贈与については、非課税扱いとなります。

また特例として、2014年12月までに親から「住宅資金」として贈与を受ける場合は、通常の相続時精算課税制度と異なり、親の年齢制限がなくなります。また前項にもあるように「相続時精算課税」は「住宅取得等資金にかかる贈与税の非課税」と併用することができます。たとえば、2014年に「省エネ等住宅」を購入すると「省エネ等住宅の非課税限度額」1000万円＋「相続時精算課税」2500万円＝3500万円まで、親から非課税で資金援助を受けることができるのです。

「相続時精算課税」で2500万円を超えた分は、20％の贈与税がかかりますが、親が亡くなったとき、贈与を受けた分は相続財産の一部とみなされ、相続財産が相続税の基礎控除額内（5000万円＋1000万円×法定相続人の数）であれば、納めた贈与税は還付される仕組みです。

たとえば、省エネ等住宅の住宅資金として4000万円の贈与を受け、贈与税を500万円の20％の100万円納めたとしても、生前贈与分を含め相続財産が6000万円以内（法定相続人が1人の場合）なら、納めた100万円は戻ってきます。

なお、贈与は父、母それぞれから受けることができます。

届け出先／自分の住所地を所轄する税務署

贈与に関する住宅の非課税制度のまとめ

	①暦年課税制度	②相続時精算課税制度	③相続時精算課税制度（住宅取得等資金の特例）	④住宅取得等資金の非課税制度
期限	恒久的措置	恒久的措置	2014年末まで（拡充して継続の予定）	2014年末まで（拡充して継続の予定）
控除・非課税枠	110万円まで基礎控除	2500万円まで特別控除	2500万円まで特別控除	省エネ・耐震1000万円 ・上記以外500万円 非課税枠
贈与する人	制限なし	親（年齢65歳以上）	親（年齢制限なし）	親・祖父母等直系尊属（年齢制限なし）
贈与される人	制限なし	推定相続人である子ども（子どもが亡くなっているときは孫）		子ども・孫等の直系卑属（合計所得金額2000万円以下）
贈与される人の年齢制限	制限なし	贈与の年の1月1日で20歳以上		
条件	制限なし	制限なし	自己の居住用家屋等の取得50㎡以上までの新築または中古住宅〈以下のいずれか〉 木造は築後20年以内 耐火建築物は築後25年以内	
他の特例との重複適用	②③との重複× ④と重複○	④と重複○	④と重複○	①または②③と重複○

一般家庭のエコな取り組みを応援

太陽光発電システム補助金 国

もらえるお金

上限は
約20万円

毎年の受付期間、募集人数は限られています

太陽光発電を普及させるため、国は一般住宅に新たに太陽光発電システムを設置する人に対して「太陽光発電システム補助金」を交付しています。この制度は2010年から始まりましたが、太陽光発電システムの設置価格が安くなってきたこともあり、補助金額が年を追うごとに縮小傾向にあります。例年、4月中旬ごろに募集が始まり、翌年の3月末が募集締め切りとなります。2015年度の補助金については未定ですが、期間中でも国の予算の上限に達した場合は、募集が締め切られることがあるので注意が必要です。

補助金の算出方法は図のように、まず「1kWあたりの設置費用（補助対象経費）」＝Aを計算します。Aとはつまり、太陽光発電システム1kWあたりに換算した設置費用ということです。Aの金額によって、「1kWあたりの補助金額」＝Bが2段階に分かれます。それによって、計算例のように補助金額が変わってきます。計算例からもわかるように、設置費用が安いほうが補助金額も多くなります。

地方自治体でも補助金を交付しているところがあります。地域によっては国に加えて、

太陽光発電システム補助金

設置費用 ÷ 太陽光発電システムの最大出力（kW） ＝ 1kWあたりの設置費用（税別） Ⓐ

Ⓐ 1kWあたりの設置費用(税別)	Ⓑ 1kWあたりの補助金
㋐ 2万円を超えて41万円以下	2万円
㋑ 41万円を超えて50万円以下	1万5000円

※2013年度の場合

＜計算例＞
設置する太陽光発電システムの最大出力が4.6kWの場合

設置費用が184万円なら
184万円÷4.6=40万円
↓
表の㋐にあてはまるので
1kWあたりの補助金は2万円
↓
補助金合計額は
2万円×4.6=9万2000円

設置費用が193万2000円なら
193万2000円÷4.6=42万円
↓
表の㋑にあてはまるので
1kWあたりの補助金は1万5000円
↓
補助金合計額は
1万5000円×4.6=6万9000円

※補助金交付申請額の上限は19万9800円です

都道府県と市区町村の補助金も得られることがあるので、調べてみるとよいでしょう。ただし地方自治体も予算額や限定数に達すると期間内でも受け付けを終了することがあるので、設置を考えている方は早めに問い合わせることをおすすめします。「太陽光発電システム補助金」制度は、年度ごとに見直しが行われています。太陽光発電の設置を考えている人は、「J-PEC太陽光発電普及拡大センター」のホームページで最新の情報を確認するといいでしょう。

届け出先／J-PEC太陽光発電普及拡大センター、市区町村

省エネと景観を両立する緑のまちづくりに助成

生垣緑化助成金 自

もらえるお金

合計25万円など

自治体によって制度の有無、内容が異なります

近年、省エネ対策のため屋上や壁面緑化に取り組む公共施設やビルなどが増えてきました。住宅街でも、夏はゴーヤを育ててグリーンカーテンに仕立てている家をよく見かけます。生垣、屋上、壁面緑化などに対し、助成を行っている地方自治体が多数あります。

屋上緑化と聞くと一般家庭では難しそうな印象ですが、プランターや生垣、花壇、ベランダなども対象になることがあります。東京都品川区では、容積100リットル以上のプランターなら見積額の半額が助成されます。世田谷区では新たな生垣の造成、または既存の塀を生垣などへ変更、花壇の造成、シンボルツリー植栽等に対し、合計25万円まで助成されます。愛知県名古屋市では、屋上、壁面、駐車場などの緑化に対して市が補助金を交付。民有地の緑化をはかる「名古屋緑化基金」があり、生垣工事や市民花壇などにも助成しています。誰でも手軽に始められる緑化のサポートとしては、埼玉県さいたま市が「緑のカーテン事業」として、ゴーヤの種の配布、緑のカーテン講習会などを行っています。

届け出先／市区町村

雨水タンクなどを設置するともらえる

雨水利用設置助成金 自

もらえるお金
最大40万円など

自治体によって制度の有無、内容が異なります

台風やゲリラ豪雨など、毎年、全国各地で局地的な大雨による被害が出ています。都市部では地下鉄や地下街などに水が流入する都市型水害も問題になっています。こうした被害の軽減や上水の節約などを目的として、各地の自治体で雨水利用を奨励しています。

家の屋根に降った雨を地下に浸透させる雨水浸透施設や、雨水を溜めるタンクなどの設置に対して助成を行っているところが多いです。東京都練馬区の例では、浸透ますの設置1件あたり最大40万円まで助成。浸透施設とともに設置する雨水タンクは、本体価格の半額（限度額2万5０００円）が助成されます。長野県長野市では、市販のものだけでなく自作の設備も助成対象に。1基あたりの容量が1００リットル以上5００リットル未満の場合、2万5０００円を限度に費用の半額が助成されます。また、不要になった浄化槽を雨水を溜めるための装置に転用すると、必要な費用の3分の2（限度額10万円）が助成されます。溜まった水は庭の散水などに利用できます。災害時の断水への備えとしても、雨水タンクがあると安心です。

届け出先／市区町村

住宅の耐震診断と補強にかかる費用を助成

耐震診断費用・耐震補強工事費助成 自

もらえるお金

10万円～150万円など

自治体によって制度の有無、内容が異なります

地震の多い日本では、建物の耐震化は重要な課題です。全国の自治体で、住宅の「耐震診断や耐震補強工事などに対しての助成」が行われています。耐震診断にかかる費用を助成したり、無料で耐震診断士を派遣する制度です。また耐震診断のあとで、耐震構造に改修するための費用を助成する自治体もあります。

例として、東京都杉並区の「木造住宅等耐震改修助成」をみていきましょう。現行の「建築基準法」に基づく耐震基準ができたのは1981年6月ですので、杉並区では、それ以前に建てられた木造住宅に耐震診断士を無料で派遣。診断士が建物の簡易診断を行い、報告書を作成します。さらに精査が必要であれば有料の精密診断となり、建物の規模に応じてその費用の一部（10万円）を区が負担します。

また杉並区では、1981年年5月以前に建てられた木造以外の戸建て住宅やマンションなどには、まず耐震相談アドバイザーを無料で派遣し、簡易診断が必要かどうか調査します。分譲マンションでは耐震化にあたり、管理組合全体で合意形成しなければならない

ので、そのための説明も行います。診断後は耐震補強のためのアドバイスや、改修プランの提案なども行われます。

このように自治体の制度を利用して耐震診断を行い、耐震改修が必要となった場合、改修費用が助成されることがあります。杉並区でも、１９８１年年5月以前に建てられた木造住宅は、基本的に50万円を限度に改修費用の２分の１まで助成されます。改修後の地震に対する安全性を示すＩｗ値（構造耐震指標）が、倒壊の危険性が低いとされる１・０以上であれば、限度額は１００万円になります。非常時の救援や輸送のために重要な「緊急輸送道路」など、区が耐震化を促進している地域では、限度額はそれぞれ75万円、１５０万円にアップします。木造以外の戸建て住宅やマンションでも、50万～４０００万円が助成されます。

大阪府大阪市では、耐震改修工事費用の２分の１まで、１００万円を限度額として助成。所得制限がありますが、２階建てまでなら木造、非木造、建築年次を問いません。

助成内容は自治体によってさまざまです。受け付け期間内でも、予定戸数や予算枠に達すれば受け付けを終了することもあります。

届け出先／市区町村

エコ住宅や三世代住宅へのリフォーム工事費の一部をもらえる

リフォームへの助成 自

もらえるお金

20万円など

自治体によって制度の有無、内容が異なります

「耐震補強工事費助成」のところでは、住宅を大地震に耐えられるようリフォームするための助成について説明しましたが、耐震補強以外の目的でも助成を受けられる「住宅リフォーム助成制度」もあります。各地方自治体が窓口になっており、助成対象は耐震をはじめ、バリアフリー住宅、エコ住宅、三世代住宅など自治体によってさまざまです。

地域経済の活性化のため、地域の建築業者に発注することが条件という自治体も多くみられます。東京都大田区は、区内の中小事業者に発注したリフォームに対し、工事費の10%（上限20万円）を助成しています。

注意したいのは、申請期間が短いところが多いことです。神奈川県綾瀬市の場合、2013年度の申請期間は6月17日～7月1日でした。また、助成件数が決まっていて、申込数がそれを上回ると抽選、あるいは先着順で予算額に達した時点で打ち切りという自治体もあります。

届け出先／市区町村

生ゴミの減量・リサイクルを進めるための補助金

生ゴミ処理機購入費用補助 自

もらえるお金
4万円など

自治体によって制度の有無、内容が異なります

東京都荒川区のデータでは、家庭から出される可燃ゴミのうち30%以上が生ゴミとなっています。ほかの自治体も30~40%のところが多いようです。生ゴミは適切に処理をすれば有機肥料として有効利用できるため、各自治体では「生ゴミ処理機購入費用補助」などを行い、各家庭での生ゴミのリサイクルを呼びかけています。

荒川区では、生ゴミ処理機の購入額の2分の1を2万円を限度として助成しています。処理機には、生ゴミを乾燥させて重量を減らすもの、微生物の働きで生ゴミを分解するもの、電動型、非電動型、屋外型などの種類があり、自治体によって助成対象となる機器が決まっています。神奈川県鎌倉市では、電動型は1台まで購入費用の75%、非電動型は2台までで、購入費用の90%、それぞれ上限4万円まで助成されます。

処理機で堆肥ができても、庭や畑がなく使えない、あるいは使いきれないという場合は、堆肥を回収している自治体もあるので、確認してみましょう。

届け出先/市区町村

子どもがいる世帯に家賃を一定期間助成

子育てファミリー世帯居住支援ほか　自

もらえるお金

月額〜2万円
家賃を助成
など

自治体によって制度の有無、内容が異なります

家計に余裕がなく、子どもを育てるのに十分な広さの物件に住めないという子育て世帯に、多くの自治体が支援をしています。「子育てファミリー世帯居住支援」などの名目で家賃補助を行っています。

東京都新宿区では、義務教育修了前の子どもがいる世帯が、区内の民間賃貸住宅に転入または転居するための費用や家賃などを助成しています。助成額は、区外から区内への転入であれば、礼金や仲介手数料の合計36万円まで、引越し費用最大20万円までです。区内での転居なら引越し費用は最大で20万円、家賃が前より高くなるなら、その差額分が月額最高2万5000円まで（最長2年）となっています。募集予定は各30世帯で、助成を受けるには家賃、所得などいくつかの要件があります。また、助成金は課税所得となります。

高校生以上の子どもがいる世帯でも、助成を受けられる自治体もあります。東京都北区は、18歳未満の子どもが2人以上いる世帯を対象に、家賃差額を3年間、月額上限2万円（2〜3年目以降は減額）、転居費用のうち礼金と仲介手数料の合計30万円まで助成してい

ます。２人目以降を出産予定の世帯も、所定の期間に申請すれば対象となります。

一方、学生や単身者を対象とした居住支援も各地で行われています。民間の賃貸住宅の家賃補助という形が多いのですが、大阪府堺市では、現在再生に取り組んでいる泉北ニュータウン内であれば、UR賃貸住宅や大阪府住宅供給公社賃貸住宅でも認められます。所得が721万2000円以下で、29歳以下の勤労単身者であるなどの条件を満たせば、家賃が３万円を超える分を月最高１万円まで、最長３年間、市が負担します。

若者や単身世帯に住んでもらい、町を活性化させようとしている地域もあります。北海道三笠市は、市外から転入した40歳未満の勤労単身世帯に、民間賃貸住宅の月額家賃のうち２万円を超える分を最高２万円まで３年間、市が負担します。さらにその世帯が結婚すると家賃を負担してもらえる期間は60カ月に延びます。子どもが生まれれば中学を卒業するまで延長されるという、定住者に手厚いサポート態勢を整えています。なお助成は現金ではなく、市内で使える「みかさ共通商品券」で交付し、地域内でのお金の循環も図っています。転居するときは、家賃補助のある自治体を探してみるのもいいかもしれません。

届け出先／市区町村

中堅所得者層向けの家賃補助付き住宅

特定優良賃貸住宅 自

もらえるお金

10〜20年間家賃を補助

地域によって制度の有無、内容が異なります

質のよい住宅を安く借りたいと思う人には、国や自治体が10〜20年間家賃補助をしてくれる「特定優良賃貸住宅（特優賃）」がおすすめです。特優賃は中堅所得者を対象とした住宅で、各地域の住宅供給公社など自治体の認定事業者が管理しており、民間のオーナーが建設した物件を住宅供給公社が借り上げる「借上型」と、公社が建設した「公社直接建設型」があります。入居者の負担額は物件や収入によって異なり、年数パーセントずつ上昇する傾斜型と、収入に応じて一定率の補助が出るフラット型に分かれます。

特優賃は、構造、広さ、設備などにおいて法律で定められた建築基準をクリアしているため、一般の賃貸住宅に比べ住み心地の点でも満足度が高いといえます。たとえば兵庫県神戸市の特優賃は平均面積65㎡、廊下の幅は85㎝以上、標準的な間取りは3ＬＤＫ、収納も居室と炊事室の9％以上と豊富です。入居時にかかる費用は敷金のみで、礼金や仲介手数料などはかかりません。敷金は地域や物件にもよりますが、契約家賃（補助金抜きの家賃）の2〜3カ月分が目安です。

特定優良賃貸住宅　傾斜型家賃方式の例

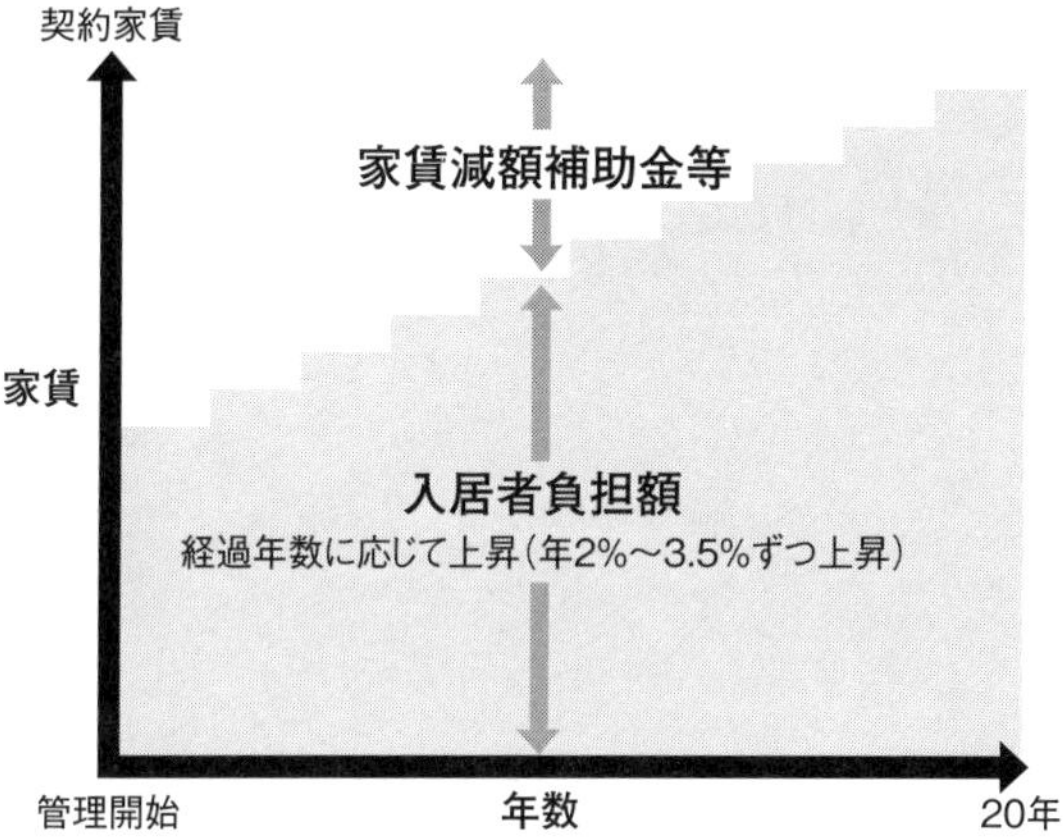

メリットが多い特優賃ですが、注意点もあります。家賃の補助期間は入居の時点からではなく、建物の完成時からなので、補助期間がどれだけ残っているかは要チェックです。申し込みから入居までは、審査や補助金の申請などで１〜２カ月かかります。急いでいるときは向きません。また、傾斜型は年々家賃が上がるので、築年数が古くなると割高に感じられるかもしれません。収入の増加によって補助が減り、家賃負担が増えることもあります。申し込む際は、メリットとデメリットをよく比較して決めましょう。

届け出先／各地域の住宅供給公社

第3章　「転職・失業」でもらえるお金

失業中の生活を支えるさまざまな給付

雇用保険制度 国

「雇用保険」は働いている人にとって、とても大切な制度です。労働者のうち「1週間の所定労働時間が20時間以上」で「31日以上の雇用見込みがある」人は、「雇用保険」の被保険者になります。会社の給与明細などを見ると、毎月、雇用保険の保険料が天引きされているのがわかります。

「雇用保険」は国の社会保険制度です。加入手続きは事業主が行います。図に雇用保険の概要を示しています。雇用保険に加入していると「失業等給付」として、「求職者給付」「就職促進給付」「教育訓練給付」「雇用継続給付」の四つの給付があることがわかります。

このうち「求職者給付」は四つの対象者、すなわち「一般被保険者」「高年齢継続被保険者」「短期雇用特例被保険者」「日雇労働被保険者」に分かれています。それぞれの対象者ごとに、もらえる手当や給付金が異なります。

この章では、失業時に雇用保険から出る代表的な手当や給付金を紹介していきます。

雇用保険の概要

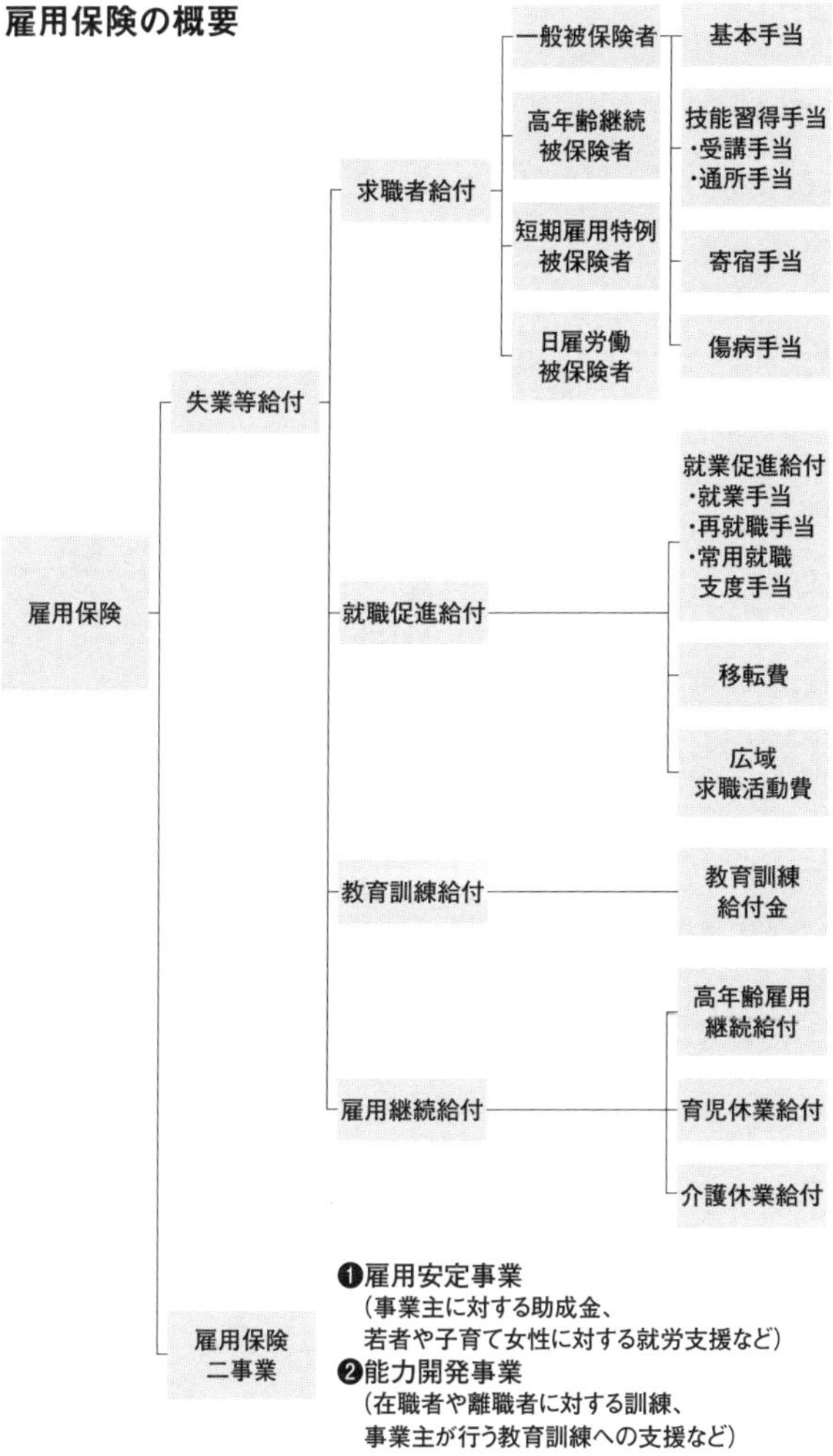
雇用保険
失業等給付
求職者給付
一般被保険者
高年齢継続被保険者
短期雇用特例被保険者
日雇労働被保険者
基本手当
技能習得手当
・受講手当
・通所手当
寄宿手当
傷病手当
就職促進給付
就業促進給付
・就業手当
・再就職手当
・常用就職支度手当
移転費
広域求職活動費
教育訓練給付
教育訓練給付金
雇用継続給付
高年齢雇用継続給付
育児休業給付
介護休業給付
雇用保険二事業
❶雇用安定事業
（事業主に対する助成金、
若者や子育て女性に対する就労支援など）
❷能力開発事業
（在職者や離職者に対する訓練、
事業主が行う教育訓練への支援など）

失業して再就職する意思と能力があればもらえる

失業給付の「基本手当」 国

もらえるお金
1日
約6千円〜
約8千円

もらえる日数は
90日〜180日

会社の倒産やリストラ、契約期間の満了など……、職を失う理由はさまざまです。総務省によると、2013年8月の全国の失業者数は271万人、完全失業率は4・1%でした。依然として再就職をめぐる状況は厳しいようです。

今まで働いていた人が失業すると、収入が途絶えてしまいます。失業した人が一家の主たる働き手であった場合、家族の生活基盤が保てなくなってしまうことも考えられます。そのとき支えてくれるのが、働いていたときに加入していた「雇用保険」です。

雇用保険には、「失業等給付」として、失業者に対するさまざまな給付や手当があることは前項でも説明しました。その中で、生活の心配をしないで職探しができるように、定期的に支給されるのが「基本手当（いわゆる失業給付）」です。

「基本手当」をもらうには、離職の日以前の2年間に、被保険者期間が通算して12カ月以上あることが必要です。ただし90ページの図のような離職の理由を持つ人（「特定受給資格者」と「特定理由離職者」）は、離職日以前の1年間に、被保険者期間が通算して6カ月以上あれば「基本手当」が支給されます。

会社を辞めて失業しただけでは、「基本手当」がもらえるわけではありません。受給できるための要件は、次の三つです。まず一つ目はハローワークで求職の申し込みを行うことです。二つ目は就職したいという積極的な意思があること。そして三つ目は、いつでも就職できる能力があるにもかかわらず、職業に就くことができない状態にあることです。

したがって、病気やケガ、妊娠・出産、あるいは育児のためにすぐには働けない、退職してしばらく休養したい、というような場合は支給対象になりません。働くことができる状態になった後で失業給付を受けることができます。ハローワークで受給期間の延長申請をしましょう。

「基本手当」は、失業後すぐには支給されないようになっています。ハローワークで求職の申し込みをした日から7日間は「待期期間」と呼ばれ、基本手当はもらえません。「特定受給資格者」や「特定理由離職者」は、「待期期間」が終了すると「基本手当」が支給されます。しかし自己都合で退職した人は、さらに3カ月間の「給付制限」期間が設けられているので、「基本手当」の給付は、3カ月と7日後から開始されるのです。

特定受給資格者とは

1 倒産などの理由で離職
① 会社の倒産（破産、民事再生、会社更生など）
② 事業所における大量人員整理など
③ 事業所の廃止
④ 事業所の移転で通勤が困難となった

2 解雇などの理由で離職
① 解雇（自己の責めに帰すべき重大な理由による解雇を除く）
② 労働条件が著しく相違していた
③ 賃金の3分の1以上が支払われなかった月が連続して2カ月以上あった
④ 賃金が85%未満に低下した
⑤ 離職の直前3カ月間に連続して月間45時間を超える時間外労働が行われた
⑥ 職種転換の際、職業生活の継続のために必要な配慮が行われなかった
⑦ 契約更新で3年以上雇用されていたが次の契約更新が行われなかった。契約更新が明示されていたのに更新されなかった
⑧ その他、上司や同僚からの著しい冷遇や嫌がらせ、セクシュアルハラスメントなどに対する措置がなかった、退職するように勧奨された、など

特定理由離職者とは

1 雇用契約の更新を希望したが、更新されず離職（上の特定受給資格者「2の⑦」以外の理由）

2 以下の正当な理由のある自己都合により離職
① 体力の不足、心身の障害、病気・ケガなどで働けなくなった
② 妊娠、出産、育児等により離職し、基本手当の受給期間延長措置を受けた
③ 父母の死亡や病気、扶養の必要、介護など家庭事情が急変した
④ 配偶者や親族などと別居生活を続けることが困難となった
⑤ 転勤や出向、結婚での移転や配偶者の転勤などにより通勤が困難になった
⑥ 企業のリストラなどで希望退職者の募集に応じた

基本手当の金額ともらえる日数

「基本手当」の１日あたりの金額を「基本手当日額」といいます。算出方法は次のページの図にあるように、まず離職日の直前の６カ月間に支払われた賃金の合計を１８０で割り「賃金日額」（上限あり）を出します。ボーナスなどは含みません。賃金日額の金額のおよそ50〜80％（60〜64歳については45〜80％）の金額が「基本手当日額」です。

ただし、高い給与をとっていたからといって基本手当が際限なく高くなるわけではありません。図のように基本手当日額には上限があります。

64歳以下で退職した場合は「基本手当」が支給されますが、65歳以上で退職すると基本手当にかわって「高年齢求職者給付金」となり、一時金が支給されます。

「基本手当」の支給が受けられる日数を「所定給付日数」といいます。離職日当時の年齢、雇用保険の被保険者であった期間、離職の理由などによって決められています。93ページの図のように、自己都合退職者や定年退職者は90〜１５０日です。

「特定受給資格者」はそれよりも「所定給付日数」が手厚くなっています。これは、「特定受給資格者」は、再就職の準備をする時間がないまま、倒産や解雇などによって離職せざるを得ないこともあるため、それが考慮されているからです。

基本手当の計算式

【60歳未満の場合】

$$基本手当日額 = \frac{離職日直前までの6カ月の賃金}{180} \times 50〜80\%$$

【60歳〜64歳の場合】

$$基本手当日額 = \frac{離職日直前までの6カ月の賃金}{180} \times 45〜80\%$$

基本手当日額の年齢による上限

30歳未満	30歳以上 45歳未満	45歳以上 60歳未満	60歳以上 65歳未満
6390円	7100円	7805円	6709円

（2014年8月1日〜2015年7月31日まで）

また「特定理由離職者」のうち、離職日が２００９年３月31日〜２０１７年３月31日の人は、「特定受給資格者」と同じ所定給付日数になります。

90ページの図にある「２　以下の正当な理由のある自己都合により離職」に該当する人は、①離職の日以前の１年間に被保険者期間が通算して６カ月以上ある、②離職前の２年間に被保険者期間が12カ月以上ない、の両方にあてはまれば、「特定受給資格者」と同様の所定日数になります。

基本手当の所定給付日数

●一般受給資格者（定年退職者、自己都合等の退職者）

区分＼被保険者期間	1年以上5年未満	5年以上10年未満	10年以上20年未満	20年以上
全年齢	90日	90日	120日	150日

●特定受給資格者（倒産・解雇等の退職者）、特定理由離職者※

区分＼被保険者期間	1年未満	1年以上5年未満	5年以上10年未満	10年以上20年未満	20年以上
30歳未満	90日	90日	120日	180日	—
30歳以上35歳未満		90日	180日	210日	240日
35歳以上45歳未満		90日	180日	240日	270日
45歳以上60歳未満		180日	240日	270日	330日
60歳以上65歳未満		150日	180日	210日	240日

※特定理由離職者のうち、有期の労働契約が更新されず離職した人など

もらえるのは離職後1年以内

基本手当の給付が始まると、就職活動をしながら4週間に1度の「認定日」にハローワークに行きます。1回目の認定日から2回目の認定日までに、原則として2回以上の求職活動の実績があると「失業の認定」が受けられます。認定を受けられると、数日後には4週間分の基本手当が振り込ます。就職先が決まるか、所定給付日数に達するまでは、これが繰り返されます。

注意しなければならないのは、基本手当の受給期間は、原則として離職した日の翌日から1年間（所定給付日数が330日の場合は1年3カ月、360日の場合は1年と6カ月）だということ。この期間を過ぎると、基本手当をもらえる日数（所定給付日数）が残っていたとしても、給付を受けられなくなってしまいます（96ページの図参照）。ですから、離職後なるべく早く手続きを行うことをおすすめします。

もし、病気・ケガ・妊娠・出産・育児などの理由で引き続き30日以上働くことができなくなったときは、届け出をすれば、96ページの図のように、その日数分だけ受給期間を延長できます。延長は最長で3年までできるのですが、これは「受給を先延ばしにできる」だけで、受給できる「日数」が増えるわけではありません。60歳以上の定年等による離職の場合は、最長1年間延長できます。

14日以内の病気やケガの場合は、医師の診断書、事故証明など証明書類を提出すれば、基本手当をもらい続けることができます。しかし、病気やケガが15日以上にわたるときは、基本手当はもらえません。その代わり基本手当と同額の「傷病手当」が支給されます。支給日数は、基本手当の支給残日数までです。

届け出先／ハローワーク（公共職業安定所）

基本手当の受給期間

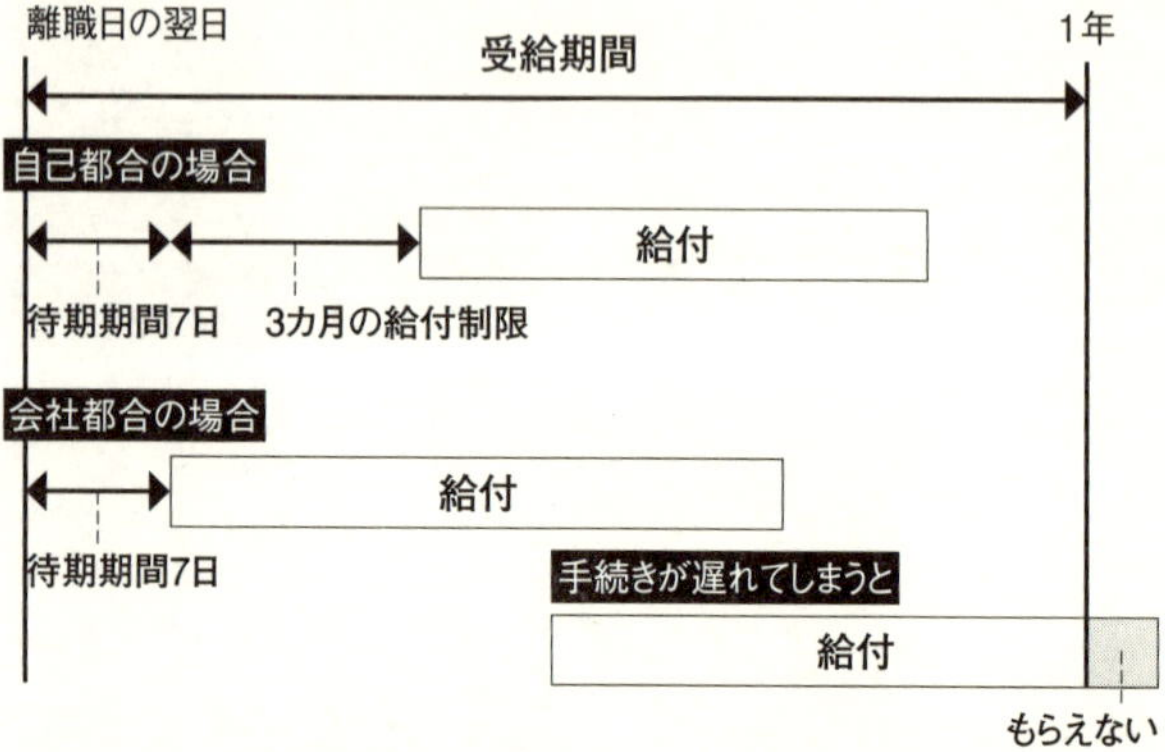

基本手当の受給期間の延長

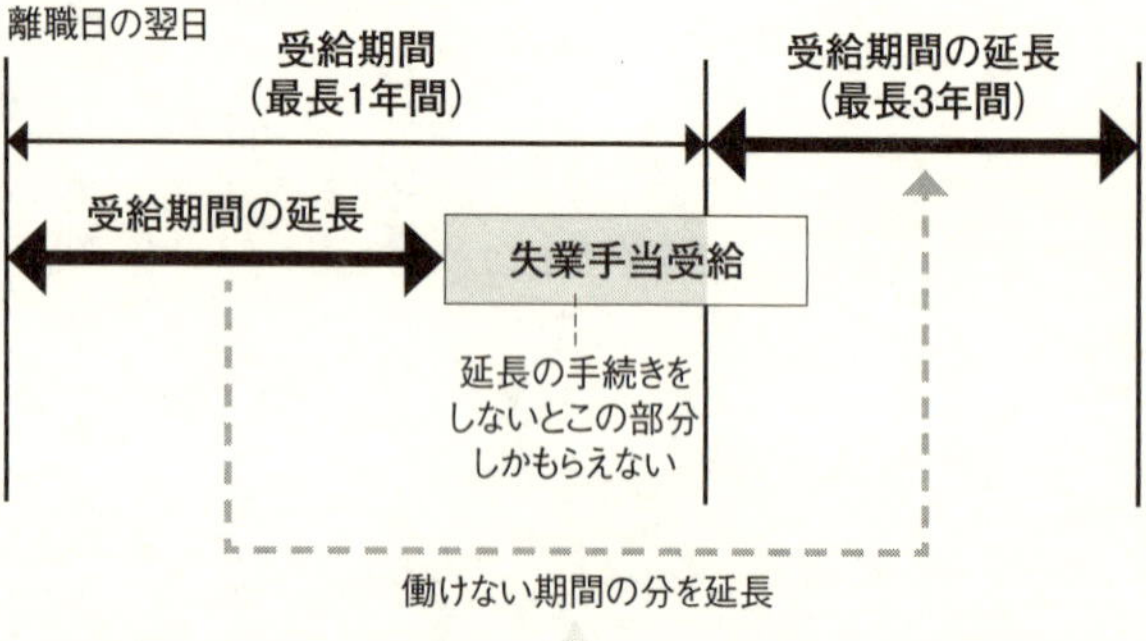

受給期間が
延長できる場合

- 病気、ケガ
- 妊娠、出産、育児(3歳未満)
- 親族の介護
(6親等以内の血族と配偶者や、3親等以内の姻族)
- 海外勤務の配偶者に同行など

離職して再就職しなかったら所得税が還付される

所得税の還付 国

もらえるお金
税金が戻ってくる
自分で確定申告しなければもらえないので注意

離職して年内に再就職しなかった人が、翌年に確定申告をして、納めすぎた所得税が戻ってくるのが「所得税の還付」です。

会社員の所得税は、毎月の給与から源泉徴収として天引きされています。天引き金額は、12カ月分の収入を前提にした所得税の概算額です。そのため年末になると、会社が「年末調整」をして精算してくれます。多くの場合、還付があります。離職しても同じ年のうちに再就職した人は、新しい雇用先が、前の職場の分も含めて年末調整をしてくれます。

離職してその年のうちに再就職しなかった人は、自分で確定申告をする必要があります。その年の収入額が減っているため、12カ月分の収入を前提にした金額では、納め過ぎの状態。しかも、在職中に天引きされていた源泉徴収の金額自体も概算額ですので、確定申告により精算が必要なのです。確定申告について、税務署から連絡してくることはありません。退職した翌年以降5年以内であれば申告できます。忘れずに行うようにしましょう。

届け出先／自分の住所地を所轄する税務署

スキルアップのための学校の受講料が助成される

教育訓練給付金 国

もらえるお金

上限は10万円

課程は、英会話、簿記、調理師などさまざま

失業中に資格を取得したり、技術を学んだりしたいと考える人は多いと思います。そのような意欲のある人の能力開発をバックアップしてくれるのが「教育訓練給付金」です。学んだ講座の費用の一部を支給してくれます。失業中の人ばかりではなく、在職中の人でも給付が受けられます。転職や再就職に備えることができる制度といえるでしょう。

「教育訓練給付金」は、厚生労働大臣指定となっている専門学校や各種スクール、通信教育などの講座を受講して、全課程を修了するともらえます。修了後に資格試験などを受験した際の合格・不合格等は問われません。

講座を受講する場合、いったん自分で受講料を支払い、修了後に所轄のハローワークに「教育訓練給付金」の申請をします。申請期限は修了日の翌日から1カ月以内なので、忘れずに手続きするようにしましょう。支給額は教育訓練経費（受講費）の20％です。教育訓練経費の内容については100ページの図を参照してください。支給額の上限は10万円で、4000円を超えない場合は支給されません。失業中の人は基本手当と併用できます。

対象者は次の①または②に該当する人です。
①受講開始日に雇用保険の被保険者であり、同一事業所での雇用期間が3年以上
②受講開始日が離職日の翌日（一般被保険者資格を喪失した日）から1年以内で、かつ同一事業所での雇用期間が3年以上

初めて教育訓練給付を受ける人は、同一事業所での雇用期間が1年あれば受給が可能になります。過去に「教育訓練給付金」を受けたことのある人でも、3年以上経過すれば再び利用することができます。なお、同時に複数の講座を申請することはできません。

受講開始日とは、通学制の場合は講座の開講日、通信制などの場合は教材などの発送日のことを指します。

教育訓練給付の対象となる講座のリストは、ハローワークで閲覧できるほか、厚生労働省ホームページ「教育訓練給付制度検索システム」で探すことができます。通学して学ぶ講座や通信講座のほかに、インターネットを使ったeラーニングの講座もあります。

受講できる分野は、ビジネス英会話、簿記、社会保険労務士資格、調理師資格、大型自動車免許取得、情報処理関連、マスコミ関連など多種多様です。

なお、「専門実践教育訓練」（中長期的なキャリア形成を支援するための専門的・実践的

教育訓練給付金に含まれるもの、含まれないもの

教育訓練給付金に

含まれるもの
- 入学料
- 受講料（最大1年分）

含まれないもの
- 検定試験の受験料
- 補助教材費
- 補講費
- 受講のための交通費
- パソコン等の器材費
- 訓練施設の行事参加費など

教育）を受けた場合、教育訓練経費（受講費）の40％が支給され、資格を取得して就職するとさらに20％が追加（合計60％）されるようになりました（２０１４年10月から）。

１年間の支給額の上限は48万円。給付期間は原則２年で、資格取得の場合は最大３年までとなります。２年間給付を受けた場合の上限額は96万円、さらにその資格を生かして就職した場合、上限額は１４４万円となります。

対象者は２年以上の被保険者期間を有する者で、２回目に受ける場合は教育訓練給付を受けていない期間が10年以上必要です。

届け出先／ハローワーク（公共職業安定所）、各スクール

技術が身につく職業訓練に無料で通うことができる

公共職業訓練 国

もらえるお金

学校での職業訓練が無料に

課程は、機械加工、パソコン、医療事務などさまざま

前項では、受講料の一部を助成してもらえる「教育訓練給付金」を紹介しました。ここでは、基本手当を受給している離職者が無料で受講できる「公共職業訓練」について説明します。

「公共職業訓練」とは、就職に役立つ専門的な技能や知識を習得できる公的な制度です。離職者をはじめ高卒者、在職者などさまざまな人を対象とした訓練科目があります。実施しているのは、厚労省管轄の独立行政法人「高齢・障害・求職者雇用支援機構（以下「雇用支援機構」）」および「都道府県」です。また、民間の専修学校や各種学校、大学、ＮＰＯなどが、雇用支援機構や都道府県から委託を受けて実施しているものもあります。

離職者向けの「公共職業訓練」のほとんどは短期コース。雇用支援機構が行うものは6カ月、都道府県が行うものは6カ月～1年、「民間委託」で行うものはおもに3カ月のコースとなっています。訓練科目は溶接、機械加工、ＣＡＤ、パソコン、医療事務、介護関連など多岐にわたります。いずれも就職に結びつく実践的なカリキュラムです。人気の高

い講座は希望者が多く、必ず受講できるとは限りません。

基本手当を受給中の人が受講を希望するときは、まずハローワークに申し出ます。ハローワークが「この人の申し込みは妥当だ」と判断して「受講指示」を出すと、受講料が無料になる仕組みです（教材費などは負担）。公共職業訓練への申し込みはハローワークを通して行います。訓練施設によっては、面接や筆記試験が行われることもあります。

この制度のメリットは、「公共職業訓練」に通っている期間中は「基本手当」が受給でき、さらに「技能習得手当」（１０４ページ参照）も支給されることです。受講が終了するまでは、所定給付日数を超過しても「基本手当」と「技能習得手当」を受給できます。専門性の高い内容が無料で学べて手当ももらえる、たいへんお得な制度だといえます。

先にも説明しましたが、公共職業訓練施設には厚労省管轄の雇用支援機構が運営しているものと、都道府県が運営しているものがあります。

雇用支援機構の公共職業訓練施設には、「ポリテクセンター（職業能力開発促進センター）」と「ポリテクカレッジ（職業能力開発大学校・短期大学校）」があります。「ポリテクセンター」と「ポリテクカレッジ」は全国各地にあります。離職者向けコースは「アビリティコース」と呼ばれています。一方の都道府県が運営する公共職業訓練施設は、「高

離職者向けの公共職業訓練を行っているところ

実施者	施設名	受講期間
高齢・障害・求職者雇用支援機構	●ポリテクカレッジ（職業能力開発大学校・短期大学校） ●ポリテクセンター（職業能力開発促進センター）	6カ月
都道府県	●高等技術専門校 ●技術専門校 ●職業能力開発センター　など	6カ月～1年
民間委託	●専修学校 ●各種学校 ●大学 ●NPOなど	おもに3カ月

等技術専門校」「技術専門校」「職業能力開発センター」など、都道府県ごとに名称はさまざまです（上の図参照）。

東京都を例にとると、「職業能力開発センター」が江戸川、板橋、府中など都内各地に設置されています。求職者向けの科目はほとんどが6カ月コースで、週5日間通います。45歳以上の求職者を対象とした科目や、「高年齢者校」があるのが特徴です。

届け出先／ハローワーク（公共職業安定所）、各スクール

基本手当受給中に職業訓練を受ければもらえる

技能習得手当・寄宿手当 国

もらえるお金

2万円〜約4万円

寄宿手当（月1万700円）という制度もあります

基本手当を受給する資格がある人が公共職業訓練に通うと、もらえる手当があります。「技能習得手当」と呼ばれるもので、「受講手当」と「通所手当」の二つがあります。「基本手当」に加えてこの二つの手当がもらえます。この手当がもらえるのは、ハローワークから「訓練を受けることが必要」だと判断されて「受講指示」が出た人です。

一つ目の「受講手当」は、公共職業訓練に通う際に支給される手当です。日額500円で、40日分（2万円）を限度に支給されます。

もう一つの「通所手当」は、いわゆる交通費のこと。公共職業訓練の施設に行くために交通機関や自動車などを使用したとき、距離や交通機関に応じて月額4万2500円まで支給されます。

公共職業訓練施設が自宅から遠く、受講のために家族と別居しなければならないこともあるでしょう。その場合は「寄宿手当」として月額1万700円が支給されます。

届け出先／ハローワーク（公共職業安定所）

基本手当をもらえない求職者向けの職業訓練

求職者支援制度 国

もらえるお金
月額10万円＋交通費

課程はパソコン関連や簿記、介護、医療事務など

１０１ページで紹介した「公共職業訓練」は、原則として基本手当を受給中の人が対象でした。一方、基本手当を受給できない離職者や、受給が終わった人などが職業訓練を受けられる制度に「求職者支援制度（求職者支援制度による職業訓練）」があります。訓練を受けるためには、「公共職業訓練」と同様にハローワークでの「受講指示」が必要です。「求職者支援制度」のメリットは、無料で受講できる（教材費などは負担）うえに、収入や資産など一定の要件を満たせば、月10万円の「職業訓練受講手当」と「通所手当」（交通費、上限あり）がもらえることです。

訓練は厚労省の認定を受けた民間の教育訓練機関で行われます。訓練期間はほとんどが３〜６カ月で、パソコン関連や簿記、介護ヘルパー、医療事務などが多いのが特徴です。なかにはネイリストやリラクゼーションセラピスト、フラワーデザイナー養成などのコースも。全国どの地域の講座でも申し込めます。ハローワークにあるリストや、インターネットの「求職者支援訓練認定コース情報検索システム」で検索することができます。

職業訓練受講給付金（求職者支援制度）の支給要件

1	本人収入が月8万円以下
2	世帯全体の収入が月25万円（年300万円）以下
3	世帯全体の金融資産が300万円以下
4	現在の住居以外に土地・建物を所有していない
5	すべての訓練実施日に出席 （やむを得ない理由がある場合は8割以上の出席）
6	同世帯の中に同時にこの給付金を受給して 訓練を受けている人がいない
7	過去3年以内に、基本手当などを不正受給していない

すべてを満たす人が対象

注意しなければならないのは、あくまでもこの制度の目的は「スキルアップをして早期の就職を目指す」という点です。応募にあたっては、ハローワークで「この人の申し込みは妥当だ」という「受講指示」をもらわなければなりません。ハローワーク側は、求職者がその講座を受講することによって就職できる可能性が高くなるかどうかをチェックします。単に好きだから、興味があるからなどの理由では、基本的に受け付けてもらえない場合もあります。求職に直結するような講座の受講がおすすめです。

届け出先／ハローワーク（公共職業安定所）ほか

基本手当の受給を延長できる制度

各種延長給付制度 国

もらえるお金
90日を上限に延長

再就職が難しい人や、訓練中の人を救済

まじめに求職活動をしても再就職できず、基本手当の給付期間が残り少なくなると、不安を感じる人も多いでしょう。そのようなときに心強いのが「延長給付制度」。条件に該当すれば所定給付日数を超えて基本手当をもらえる制度です。「延長給付制度」には、「個別延長給付」「訓練延長給付」「広域延長給付」「全国延長給付」の四つがあります。

まず一つ目の「個別延長給付」は、２０１７年3月までの暫定措置で、個人の事情に配慮して行われる延長です。対象となるのは、解雇や倒産などにより離職した「特定理由離職者」、または有期労働契約が更新されなかったために離職した人のうち、次の①から③いずれかに該当する人です。①45歳未満の人、②雇用機会の少ない地域に居住している人、③安定した就業の経験が少ない人や職種を変更しないと就職が難しい人など、再就職をするのが困難だと職業安定所が認めた人です。これらの人は、所定給付日数を原則60日間延長することができます（雇用保険の被保険者期間が20年以上で、所定給付日数が２７０日または３３０日の人は、30日間の延長）。

延長は、最後の失業認定日に行われます。ただし延長給付の対象となるのは、積極的に求職活動を行っている人です。失業認定日に来所しない人、正当な理由なくハローワークの就職先の紹介を断った人などは、求職活動の実績が足りないとみなされ、延長給付が認められません。

二つ目の「訓練延長給付」は、基本手当を受給していて、ハローワークが「受講指示」を出した2年以内の「公共職業訓練」を受講する場合に受給できます。その講座が終了するまでは、所定給付日数を超過しても基本手当がもらえるのです。受講後に基本手当の支給残日数が30日に満たないときは、30日から支給残日数を差し引いた日数分の延長も認められています。

三つ目の「広域延長給付」は、雇用が少なく失業者が特に多い地域の人で、住んでいる地域以外の広範囲の職業紹介を受けることが可能な人が対象。90日を限度に延長されます。最近の例では、東日本大震災で被災した岩手県、宮城県、福島県で実施されました。

四つ目の「全国延長給付」では、全国的に不況で厚生労働大臣が失業者が増加していると認めた場合、全受給資格者に一律に給付日数が延長されますが、これまで実施されたことはありません。

届け出先／ハローワーク（公共職業安定所）

求職中にアルバイトの仕事についたときの手当がある

就業手当　国

もらえるお金

1日
1747円

支給残日数が少ないともらえません

失業給付の基本手当をもらっているときに、次の就職先が決まった場合は、基本手当の所定給付日数と支給残日数に応じて「就業促進給付」を条件があえばもらえます。就業促進給付は、再就職の就業形態によって以下の三つがあります。①常用雇用以外（アルバイトなど）の仕事についた「就業手当」。②常用雇用の安定した仕事についた「再就職手当」。③就職困難者が安定した仕事についた「常用就職支度手当」。

「就業手当」には、基本手当の支給残日数が3分の1以上、かつ、45日以上あることなどの要件があります。支給額は「基本手当日額×30％×就業日数」。「就業手当」の1日あたりの支給額は、上限でも1747円（60歳以上65歳未満は1416円）です。支給残日数が3分の1を切っているときは、「就業手当」がもらえない代わりに、その日の基本手当の支給が先延ばしになります。基本手当とアルバイト料の合計が「賃金日額」の80％を超えると、その分、基本手当が減額されます。

届け出先／ハローワーク（公共職業安定所）

早めに再就職が決まると手当がもらえる

再就職手当 国

もらえるお金

100万円以上の場合も

年齢や、離職時の理由によって異なります

再就職が早く決まるのはうれしいことですが、基本手当の受給中だと、損をしたように感じる人がいるかもしれません。しかし早く就職した人には「再就職手当」が支給されます。早期に再就職を促すための制度として設けられています。給付を受けるためには、次の図の①から⑨の要件をすべて満たしていることが必要です。支給額は、基本手当日額×所定給付日数の支給残日数×50％、または60％。基本手当の支給残日数が所定給付日数の3分の2以上なら60％、3分の1以上なら50％が受け取れます。再就職手当の基本手当日額には上限があり、離職時の年齢が60歳未満の人は5825円、60歳以上65歳未満は4720円。これは2015年7月31日までの額で、毎年8月1日に見直されます。

また、早期に再就職したものの離職前に比べて再就職後の賃金が下回った場合、6カ月間職場に定着することを条件に、基本手当の支給残日数の40％を上限額として、差額の6カ月分が「就業促進定着手当」として支給されます（2014年4月から）。

届け出先／ハローワーク（公共職業安定所）

再就職手当の額

所定給付日数	支給残日数	
	支給率50%の場合	支給率60%の場合
90日	30日以上	60日以上
120日	40日以上	80日以上
150日	50日以上	100日以上
180日	60日以上	120日以上
210日	70日以上	140日以上
240日	80日以上	160日以上
270日	90日以上	180日以上
300日	100日以上	200日以上
330日	110日以上	220日以上
360日	120日以上	240日以上

再就職手当受給の要件

① 受給手続き後、7日間の「待期期間」後の再就職であること

② 就職日の前日までの基本手当の支給残日数が3分の1以上あること

③ 離職した前の事業所に再就職したものではないこと

④ 「給付制限」がある人は、7日間の「待期期間」経過後の1カ月間は、ハローワークなどの紹介による就職であること

⑤ 再就職先で1年以上勤務することが確実であること

⑥ 原則として、雇用保険の被保険者になっていること

⑦ 過去3年以内、再就職手当、または常用就職支度手当を受けたことがないこと

⑧ 受給資格決定前から採用が決まっていたものではないこと

⑨ 再就職手当の支給決定の日までに離職していないこと

すべて満たすことが必要

就業困難者が就職すると手当がもらえる

常用就職支度手当 国

もらえるお金
約21万円が上限

年長フリーター層も受け取れる

身体や精神に障害のある人が、「基本手当」を受給しながら求職活動をするのは難しいかもしれません。しかし、そのような就職が困難だと思われる人が、就職できた場合に支給される手当に「常用就職支度手当」があります。

この手当は、就職が困難だと思われる人のうち、基本手当の支給残日数が3分の1未満の人が対象です。3分の1以上残っている場合は、前項の「再就職手当」の対象となります。「常用就職支度手当」の条件は、①就職先がハローワークの紹介による事業所である、②1年以上雇用されるのが確実、③過去3年間に「再就職手当」や「常用就職支度手当」をもらったことがない、などがあります。

支給額は原則として、図のように「基本手当日額×支給残日数×40％」です。支給残日数の上限は90日なので、90日以上あるときは90日として計算します。また、支給残日数が45日未満のときは45日として計算します。ですから支給残日数が10日しか残っていなくても、18日分の基本手当がもらえます。基本手当日額には上限額があり、「再就職手当」と

常用就職支度手当の支給額

所定給付日数の支給残日数	支給額
90日以上	基本手当日額×40%×90日
45日以上 90日未満	基本手当日額×40%×支給残日数
45日未満	基本手当日額×40%×45日

基本手当日額の上限　5825円
（60歳以上65歳未満は4720円）

同額で、毎年8月1日に見直されます。２０１５年７月31日までは、60歳未満の人が５８２５円、60歳以上65歳未満の人が４７２０円です。

なお暫定措置として、安定した職業に就くことが著しく困難だと思われる40歳未満の人、いわゆる「年長フリーター層」も「常用就職支度手当」の支給対象となっています。この年齢層は、就職氷河期に正社員になれずに、中途採用市場でも苦戦しているため、その自立を支援する目的で行われています。

届け出先／ハローワーク（公共職業安定所）

定年後給与を減額された場合、差額が補填される

高年齢雇用継続基本給付金 国

もらえるお金

賃金の15%まで支給

給与が75%未満に減ってしまった人が対象

2013年の「高齢者雇用安定法」改正により、60歳以降も希望すれば、同じ会社で継続して働けるようになりました。働く場所があるのはありがたいことですが、賃金が大幅に下がることが多いようです。また2013年4月からは、老齢厚生年金の報酬比例部分の受給開始年齢の引き上げが、段階的に行われていきます。賃金が減って年金も支給されず、生活を維持するのが難しくなってしまうこともあるかもしれません。

60歳以降も雇用保険に加入して継続して働く人には、賃金が下がってもそれを補ってくれる雇用保険の制度があります。それが「高年齢雇用継続給付」で、「高年齢雇用継続基本給付金」と、次項で紹介する「高年齢再就職給付金」の二つの給付金があります。

「高年齢雇用継続基本給付金」がもらえるのは、図のように、60歳に達した月から65歳に達する月までの期間です。60歳以降の賃金が、60歳時点の賃金に比べて75%未満に低下した人が対象で、雇用保険の加入期間が通算して5年以上あることが条件です。もし雇用保険の加入期間が通算して5年に満たない場合は、5年を越えた月から支給されます。

高年齢雇用継続基本給付金をもらえる条件

①60歳以上65歳未満で、雇用保険の一般被保険者であること
②被保険者だった期間が通算して5年以上あること
③60歳時点の賃金に比べて、75％未満の賃金で雇用されていること
④各月の給与が34万761円未満であること
⑤介護休業給付・育児休業給付の支給対象になっていないこと

高年齢雇用継続基本給付金の計算方法

支給対象月の賃金が、60歳到達時賃金の61％以下のとき
支給対象月の賃金額×15％

支給対象月の賃金が、60歳到達時賃金の61％超〜75％未満のとき
低下した賃金率に応じた各月の賃金の15％未満の額

支給額は図のように、賃金の低下率によって異なります。各月の賃金が、60歳時点の賃金の61％以下に低下した場合は、その月の賃金の15％が支給されます。61％超から75％未満の場合は、低下した賃金率に応じた各月の賃金の15％未満の額が支給になります。

たとえば60歳時点の賃金が月額30万円だった場合、60歳以後に賃金が18万円に低下したら、60％減になります。したがって、18万円の15％に相当する２万７０００円が支給されます。

届け出先／勤務先、ハローワーク（公共職業安定所）

高年齢で再就職したらもらえる給付金がある

高年齢再就職給付金 国

もらえるお金

賃金の15%まで支給

期間は基本手当の支給残日数によって異なります

前項でも触れましたが、「高年齢雇用継続給付」にはもう一つの給付金があります。それが「高年齢再就職給付金」です。いったん退職して基本手当を受給している間に、再就職が決まるともらえます。支給要件は前ページの図の「高年齢雇用継続基本給付金」の①から⑤と同じですが、さらに⑥として次の要件が加わります。

⑥再就職した日の前日における基本手当の支給残日数が100日以上あること

支給額の計算方法は「高年齢雇用継続基本給付金」と同じです。再就職後の賃金が60歳時点の賃金の61%以下に減った場合は、その月の賃金の15%がもらえます。61%超から75%未満の場合は、低下した賃金率に応じた各月の賃金の15%未満の額になります。

支給される期間は基本手当の支給残日数によって変わってきます。支給残日数が200日以上ある場合は、2年間を上限に65歳になるまでもらえます。支給残日数が100日以上200日未満の場合は、1年間を上限にして65歳になるまでとなります。

届け出先／ハローワーク（公共職業安定所）

求職で遠方へ出かける際の交通費・宿泊費

広域求職活動費 国

もらえるお金

交通費、宿泊費の実費を支給

相手先の会社から経費が出る場合は支給されません

失業中に一定以上の遠隔地にある事業所で就職の面接を受ける場合、交通費や宿泊費は「広域求職活動費」として支給されます。７日間の「待期期間」または３カ月の「給付制限期間」が経過した後の就職活動からです。交通費の対象になるのは、鉄道、航空機、船、車のガソリン代などです。支給の対象となる距離は決まっていて、自分が住む地域を管轄するハローワークと、訪問する事業所を管轄するハローワークの間の距離が、鉄道で往復３００キロ以上離れていると支給されます。宿泊費は、二つのハローワーク間の距離が、鉄道の往復で４００キロ以上離れている場合に支給されます。訪問する事業所までの距離や、訪問する事業所の数に応じて宿泊数も決まっています。

受給資格者が公共職業安定所の紹介した職業に就くために、または公共職業安定所長の指示した公共職業訓練を受講するため、その住所や居住地を変えなければならない場合には、受給資格者本人と家族の移転にかかる費用「移転費」が支給されます。

届け出先／ハローワーク（公共職業安定所）

ふるさとに帰って就業すると助成金がもらえる

U・J・Iターン奨励金 自

地方出身者が就職や進学などで都会に出てきたあと、ふるさとに戻ることは、昔からUターンといわれてきました。最近は、都会からふるさとに近い中規模都市に移住することをJターンと呼ぶようになっています。また出身地に関係なく地方に移住することをIターンといいます。就職や居住のためにUJIターンをする人に対して、移住した際に奨励金を支給して支援するのが「UJIターン奨励金」です。

「UJIターン奨励金」制度は、地方自治体の過疎化対策の一環として行われていることが多い制度です。自治体は、少しでも定住者を増やし、地域の活性化につなげたいと考えているようです。制度の内容は自治体ごとに異なっています。

いくつか例を挙げてみましょう。

鳥取県鳥取市では、「鳥取市UJIターン若者就職奨励金交付事業」が行われています。県外に1年以上住んでいた人が、2012年4月1日以降に鳥取市に移住して市内の登録企業に就職すると「奨励金」の対象になります。就職後も市内に6カ月間定住した40歳未

もらえるお金

上限
200万円
など

自治体によって制度の有無、対象が異なります

満の人が対象です。奨励金は1人あたり10万円。家族と一緒に転入した場合は、家族1人あたり5万円の加算が付きますが、同一世帯では20万円が上限です。奨励金の交付申請日から5年以上鳥取市に住み続けることが条件になります。２０１５年３月までの制度です。

山口県阿武《あぶ》町では、45歳以下でUターンして定住した場合（ただし同県内からのUターン除く）は、２人以上の世帯に20万円、単身者には「奨励金」として5万円が支給されます。JターンまたはIターンで町に定住する意思がある場合は、２人以上の世帯が10万円、単身者が5万円となります。農業・林業などに従事するために町に転入し、定住の意志がある45歳以下の人なら、２人以上の世帯に30万円、単身者なら10万円がもらえます。

住宅購入の助成金制度があるのは、山形県尾花沢市です。市内に定住を目的にして宅地を購入すると、購入価格の10％以内で１００万円を限度に助成してもらえます。市外からの転入で、義務教育修了前の子どもがいる場合は、宅地等の購入価格の20％以内で２００万円までが助成されます。

転職する際に、現在の住まいにこだわらないのであれば、「ＵＪＩターン」を一つの選択肢として考えてみてもよいでしょう。

届け出先／市区町村

伝統工芸を学びたい人をバックアップ

職人育成支援 自

もらえるお金
月額10万円など

自治体によって制度の有無、対象が異なります

将来、手に職をつけて独立する……。そのような夢を持っている人もいるのではないでしょうか。離職を機に、職人としての技術を身につけたいと考える人もいるでしょう。地方自治体のなかには、そのような人たちへの支援、いわば「職人育成支援」を行っているところがあります。地場産業の発展と後継者の育成を目指すために行われていることが多いようです。ここでは石川県金沢市と静岡県静岡市の取り組みを紹介します。

加賀友禅や金沢漆器、九谷焼など、さまざまな伝統産業が受け継がれている金沢市には「金沢の技と芸の人づくり奨励金」という制度が設けられています。その中に、伝統工芸品産業の専門知識や技術を習得しようとする人への奨励金があります。一つは「金沢市伝統産業技術研修者」への奨励金。市内在住のおおむね40歳以下の人が対象で、月額5万円が3年を限度として支給されます。もう一つは「金沢市伝統産業新規参入研修者」への奨励金です。こちらは、将来的にその伝統産業を生業とする意思をもっている人への奨励金で、市内在住の30歳以下の人が対象です。月額10万円が3年を限度として支給されます。

静岡市では「クラフトマンサポート事業」という職人育成支援を行っています。ものづくり職人を目指し、現場実習を希望する40歳未満の人を支援するため、実習者を受け入れる事業所に対して助成金が交付されます。静岡の伝統工芸である木製家具、駿河雛人形、仏壇、木製雑貨、建具、駿河漆器などが対象となっています。

この事業には、実習期間が最長3カ月までの「地域産業現場実習短期支援事業」と、2年間かけて技術を習得する「地域産業現場実習長期支援事業」があります。どちらの事業も実習者への助成ではなく、事業所に対して「指導料」が助成される仕組みです。助成金額は、「短期」の場合は1日5000円以内で月額10万円以内、「長期」の場合は月額10万円以内です。この「クラフトマンサポート事業」で技術を習得し、その後2年以内にものづくりの職人として独立を希望する人には、工房などの賃貸料の3分の2以内で、月額10万円を限度とした補助金が3年間支給されます。

いつか職人として道を究めたいと考えている人は、このような制度を利用してみるのもいいでしょう。地方自治体の情報を探してみることをおすすめします。

届け出先／市区町村

社会人の資格取得を応援する講座

自治体の資格取得講座

自

もらえるお金

格安で資格講座を受講

自治体によって制度の有無、対象が異なります

働きながら新たな資格を取得したい、と考えている人もいると思います。しかし専門学校に通おうとしても、費用が高かったり、時間がとれなかったりすることもあるでしょう。

自治体の中には、「資格取得支援講座」を開催しているところがあります。たいていの場合、その地域に住んでいるか、その地域で仕事をしている人を対象としています。講座は主に公共施設で行われますが、委託を受けた専門学校の講師が教えることもあります。本格的な内容が、民間の専門学校と比べて格安な費用で受講できるのが魅力です。

東京都港区を例にとると、「資格取得支援講座」として、「日商簿記3級」「行政書士」などの資格取得を目指す講座があります。このうち日商簿記3級講座は、2014年度の場合は11月から翌2月まで全部で12回、ほぼ毎週火曜日に2時間の講座が開催されます。対象は区内に在住・在勤の中小企業勤労者35名。受講料は6000円、テキスト代は4000円です。

届け出先／市区町村

起業を志す人はさまざまな融資が受けられる

起業支援 自

もらえるお金

低金利の融資制度

自治体によって制度の有無、対象が異なります

退職、転職をして、今度は自分で一国一城の主になるため、起業を志す人もいるのではないでしょうか。そのときに心強い味方になってくれるのが、各自治体で行われている「起業支援」です。自治体によってさまざまな制度があるので、まず相談窓口へ出かけてみるといいでしょう。相談は無料でできます。

たとえば大阪府には、中小企業が円滑に資金調達を行えるよう、信用保証協会の保証付き融資があり、きめ細かなメニューがそろっています。その中の「開業サポート資金」は、大阪府内でこれから事業を開始する人や、事業開始後5年未満などの人が対象。最高で2500万円までの融資が受けられます。融資期間は7年以内、金利は固定で年1・6%、保証料が年1・0%となっています。

起業に関する情報は、「独立行政法人中小企業基盤整備機構」のホームページにも掲載されています。

届け出先／都道府県、市区町村

第４章　「病気・けが」をしたとき、もらえるお金

仕事以外の病気やケガで休むと健康保険からもらえる

傷病手当金 国

もらえるお金

日給の3分の2

仕事を休んで4日目〜1年6カ月間支給

病気やケガで長く仕事を休まなければならない状況になったときは、収入が途絶えて本人や家族の生活が困窮してしまいます。そんなとき、健康保険（勤務先の健保組合や協会けんぽ）に入っている人に、支給されるのが「傷病手当金」です。健康保険の被保険者を対象とした制度で、残念ながら市町村国民健康保険にはこの制度はありません。なお、仕事中や通勤上などの業務中のケガや病気については、「労災保険」の「休業補償給付」の対象になります。

「傷病手当金」の支給が開始されるのは、業務外の理由により連続して3日間休んだあとの4日目からです。連続して休んだ3日間には土日・祝日・有給休暇なども含めることができます。「傷病手当金」は休業して4日目の支給開始から、最長1年6カ月の間支給されます。医療機関への入院に限らず、自宅での療養でも支給されます。

ただし休業の途中で出勤することがあっても、その分、休業日が先送りにはされません。休業した1年6カ月の中に含めて計算されますので、注意が必要です。また、1年6カ月

傷病手当金のしくみ

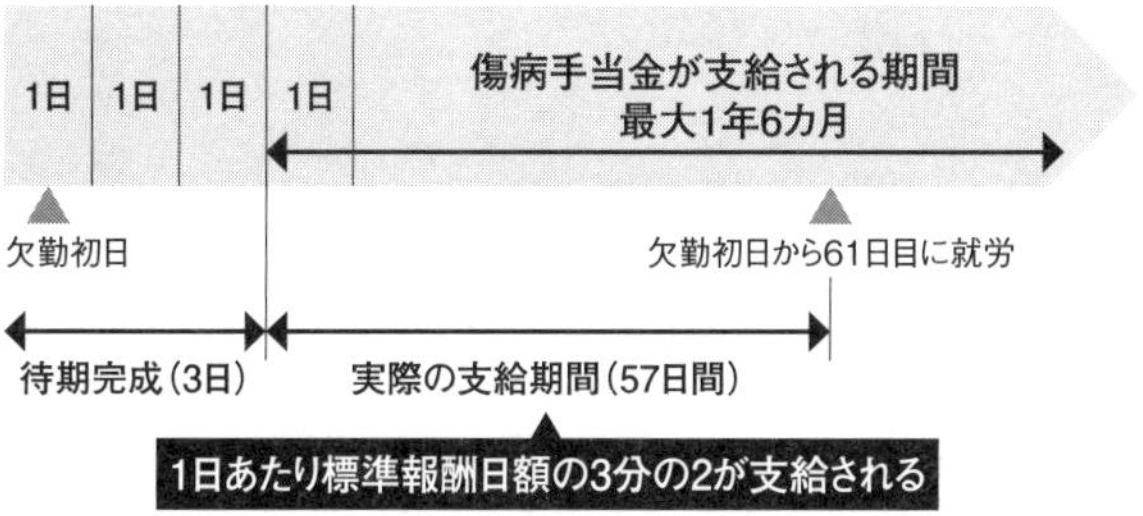

（例）月収30万円の人が60日休んだ場合
30万円÷30日＝1万円……標準報酬日額
1万円×2/3×57日（療養した日数60日－待期期間3日）＝約38万円

※協会けんぽ加入者の例。健康保険組合の場合、各組合で異なり、
給与の85％が2年半という例もあります。国民健康保険の場合、原則として制度がありません。

を過ぎると、たとえ仕事に復帰できる状態ではなくても、「傷病手当金」はもらえなくなります。

「傷病手当金」の支給額は、１日につき標準報酬日額（残業代、通勤手当、住宅手当などを含めた１カ月の賃金の平均を30日で割ったもの）の３分の２の金額です。

休業中も会社から給料が出ている場合は、「傷病手当金」よりも少なければ、差額が支給されます。もし給料が「傷病手当金」よりも多いときには、「傷病手当金」は支給されません。「傷病手当金」は、あくまでも「生活保障」としての制度なので、十分な収入がある場合は支給されないのです。**届け出先／健康保険組合、協会けんぽ都道府県支部**

介護のために休むと雇用保険から給付がある

介護休業給付金 国

もらえるお金

賃金の40%

休業中も給料をもらえる場合は減額されます

働いている人が、家族を介護しなければならないこともあるでしょう。しかし仕事を休むと、給料が入らず収入が減ってしまうことがあります。それを補うために雇用保険から支給されるのが「介護休業給付金」です。

「介護休業給付金」をもらえるのは、雇用保険に加入していて、過去2年間に「賃金支払基礎日数が11日以上」の月が12カ月以上ある人です。正社員だけではなく、パートタイムの人も「介護休業給付金」をもらうことができます。同じ事業所で1年以上働いていて、介護休業開始予定日から数えて93日を経過する日以降も、雇用される見込みがあることが条件です。

介護の対象となる「家族」というのは、「働いている本人の配偶者・父母・子・配偶者の父母」あるいは「働いている本人と同居し、扶養されている祖父母、兄弟姉妹、孫」のことをいいます。その家族が病気やケガ、身体や精神の障害などのために、2週間以上にわたって「常時介護」が必要な場合が、「介護休業給付金」の対象となります。「常時介護」とは、歩行や排せつ、入浴、食事など、日常生活について全般的に介護を必要とする状態のことです。

介護休業を取得できる期間は、1人の家族の同じ介護について最長93日です。会社に介護休業を申請するときには、休業期間の初日と末日を明らかにすることが必要です。介護休業を取得したあとで仕事に復帰したとしても、介護していた家族の症状が重くなることがあるかもしれません。そのために再び介護休業を取得したときには、通算で93日までは「介護休業給付金」がもらえます。

「介護休業給付金」の支給額は、「介護休業開始時賃金日額×支給日数×40％」です。「賃金日額」は、介護休業取得前6カ月の賃金を180で割って算出します。これに30を掛けたものを「賃金月額」といいます。2015年7月までは、賃金月額が42万6000円を超える場合は42万6000円として「介護休業給付金」を算出します。逆に賃金月額が6万9000円を下回る場合は6万9000円として算出します。この上限金額、下限金額は毎年8月に見直されます。

会社によっては、介護休業期間中も給料が出るところがあります。その場合、もらえる給料の金額によって、「介護休業給付金」の金額は変わってきます。次のページの図のよ

介護休業給付金の支給額

休業開始時賃金日額（賃金月額） × 支給日数 × 40%

介護休業中に会社から給料をもらっている場合の介護休業給付金の支給額

賃金が休業開始時賃金月額の…

40%以下	40%を超えて80%未満	80%以上
↓	↓	↓
賃金月額の40%相当を支給	賃金月額の80%相当額と事業主から支給される賃金の差額を支給	支給されません

うに、給料が「休業開始時賃金の40%以下」なら「介護休業給付金」は全額もらえます。「休業開始時賃金の40%を超えて80%未満」のときには休業開始時賃金の80%から給料を引いた差額が支給されます。「休業開始時賃金の80%以上」のときには、十分な給料をもらっているとみなされ、「介護休業給付金」は支給されません。

届け出先／勤務先、ハローワーク（公共職業安定所）

医療費が一定額を超えると負担が軽減される

高額療養費制度　国

もらえるお金

限度額を超えると払い戻しされる

年齢や所得によって、限度額は異なります

日本の医療費の自己負担額は小学校入学後から70歳未満の人は３割ですが、病気やケガで入院したり、長期間通院したりすると、医療費で家計が圧迫されることも考えられます。このような負担を軽減するために、健康保険には１カ月の医療費が一定額（自己負担限度額）を超えた場合に対して、超えた金額が払い戻される「高額療養費制度」があります。

対象となるのは、健康保険が適用されている範囲です。健康保険の適用のないものは、「高額療養費」の対象ではありません。具体的には、差額ベッド、食費、先進医療などがあります。１カ月あたりの医療費の自己負担限度額は、70歳未満と70歳以上では異なります。また、所得によっても違ってきます。１３３ページの図は「高額療養費の自己負担限度額」です。この金額を超えた部分が払い戻しの対象になります。

「高額療養費」は、個人ごと、医療機関ごとに計算します。同じ医療機関でも入院と外来、医療と歯科は別々に計算します。なお、「高額療養費」は１カ月単位で計算をします。同じ入院日数でも、入院期間が同じ月の間に収まっている場合と、ふた月にまたがった場合とでは、支給額が異なります。ここでいう1カ月とは「診療を受けた月ごと」をいいます。たとえば、1月10日から2月3日まで診療を受けた場合、1月10日から1月31日までと、2月1日から2月3日までがそれぞれ1カ月となり、月ごとに要件を満たすことが必要です。同一の世帯で、1カ月に2万1000円以上の自己負担が複数回あるときは、それらを合算することができます。「世帯合算」といいます。ここでも、入院と外来は別々のカウントで、それぞれ2万1000円以上の自己負担額がなければ合算できません。

また、「多数回該当」といって、直近の1年間で3回以上、高額療養の払い戻しを受けると、4回目以降の負担額が4万4400円と低くなります。

事前に保険者に申請して「限度額認定証」をもらっておくと、医療機関での支払いは自己限度額までですみます。事前に保険者に手続きしておけば安心です。

また、旅先など保険証を持たずに医療機関にかかった場合は、窓口で医療費全額を支払う必要がありますが、事後に申請すれば3割負担を超える部分については払い戻しされます（療養費）。海外で医療機関にかかった場合は日本での医療費を基準とした金額の払い戻しを受けることができます。

届け出先／市区町村（国保の場合）、健康保険組合、協会けんぽ都道府県支部

高額療養費のしくみ

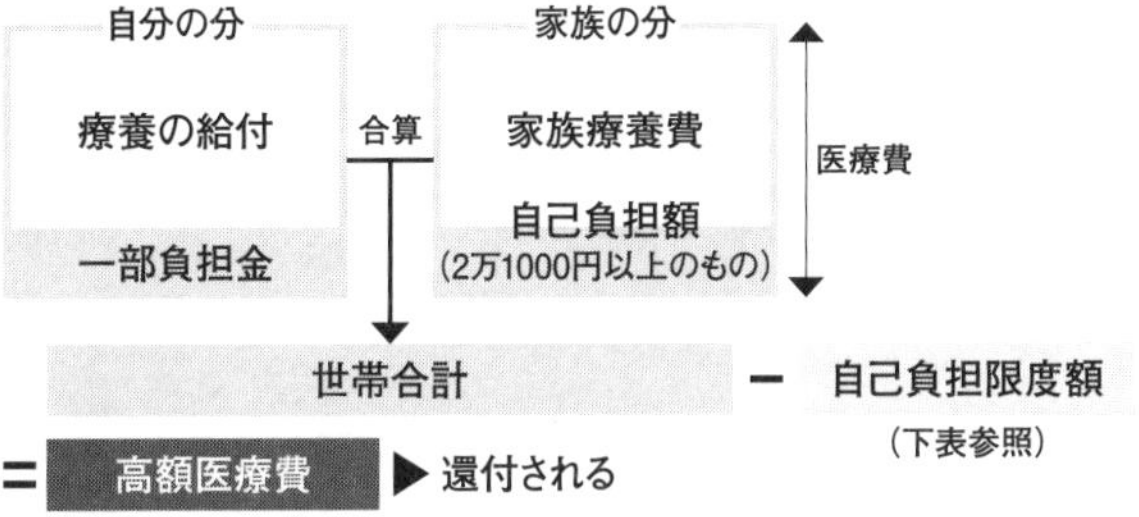

自己負担限度額

所得区分	70歳未満の人の自己負担限度額	多数回該当の場合
区分ア	25万2600円＋（総医療費-84万2000円）×1％	14万100円
区分イ	16万7400円＋（総医療費-55万8000円）×1％	9万3000円
区分ウ	8万100円＋（総医療費-26万7000円）×1％	4万4400円
区分エ	5万7600円	4万4400円
区分オ	3万5400円	2万4600円

※各区分の標準報酬月額は以下の通り。「ア」＝83万円以上、「イ」＝53万～79万円、「ウ」＝28万～50万円、「エ」＝26万円以下。「オ」は被保険者が市区町村民税の非課税者。「区分ア」または「区分イ」に該当する場合、市区町村民税が非課税であっても、標準報酬月額での「区分ア」または「区分イ」の該当となる。
※多数回該当とは、同一世帯で直近12カ月に高額療養費の支給回数が4回以上になった場合に4回目から適用される限度額。

所得区分	70歳以上75歳未満の人の自己負担限度額 外来（個人ごと）	自己負担限度額
一般	1万2000円	4万4400円
現役並み所得者	4万4400円	8万100円＋（医療費－26万7000円）×1％

※現役並み所得者とは、標準報酬月額が28万円以上で、かつ年収が夫婦世帯で520万円以上、単身世帯で383万円以上をいう。
※表の右列の自己負担限度額とは、入院や通院などを含めた医療費総額。

1年分の介護・医療費が一定額を上回るとお金が戻る

高額医療・高額介護合算療養費制度 国

もらえるお金

限度額を超えると払い戻しされる

年齢や所得によって、限度額は異なります

同一世帯に介護認定を受けている介護保険の受給者がいる場合、1年間に支払った「医療費」と「介護サービス費」の自己負担額の合計が所定の金額を超えると、お金が戻ってきます。この制度を「高額医療・高額介護合算療養費制度」といいます。

家計の負担が大きくならないように、「医療費」と「介護サービス費」の両方の負担を軽減する目的で2008年度にできた制度です。この制度は、公的な医療保険と介護保険の両方に加入している世帯が対象です。個人単位の申請ではなく、世帯で申請するところがポイントです。

ただし、この世帯とは、住民基本台帳に記載された世帯のことではありません。医療保険の加入制度が同じ世帯を指します。夫と妻の加入している医療保険制度が違うと合算の対象にならないということです。例を挙げると、夫が「後期高齢者医療制度」に加入していて、妻が「国民健康保険制度」に加入しているようなケースがあります。

申請の対象となるのは、毎年8月1日～翌年7月31日の1年間に医療保険と介護保険の

高額医療・高額介護合算療養費制度の自己負担限度額

	70歳未満の世帯	70〜74歳の世帯	75歳以上の世帯
加入している保険	健康保険または国民健康保険など＋介護保険	健康保険または国民健康保険など＋介護保険	後期高齢者医療制度＋介護保険
現役並み所得者（高齢受給者証の負担割合が3割の人）	176万円	67万円	67万円
	135万円		
	67万円		
一般	63万円	56万円	56万円
低所得者 Ⅱ	34万円	31万円	31万円
低所得者 Ⅰ		19万円	19万円

※低所得者Ⅱ…特に所得が低い世帯（年金収入が80万円以下など）
　低所得者Ⅰ…住民税非課税の世帯

支払い額の合計が自己負担限度額を超えた場合です。戻ってくる金額は、その人の所得や年齢によっても異なります。

たとえば、上の表のように夫婦2人とも75歳以上で、1年間に支払った医療費28万円と介護サービス費28万円の合計額が56万円の場合、56万円から31万円（低所得者2に該当）を引いた25万円が高額医療・高額介護合算療養費として戻ります。ただし、医療費と介護費のどちらか一方の金額が0円の場合、この制度は利用できません。詳しくは、市区町村の介護保険窓口にお問い合わせください。

届け出先／市区町村

障害認定を受けると年金が支給される

障害年金

国

もらえるお金

障害基礎年金で約97万円（1級）

厚生年金の加入者であれば報酬比例分も受け取れる

「年金」というと、60歳以降に支給される「老齢年金」のイメージが強いですが、現役世代の生活保障のために支給される年金もあります。

たとえば不慮の事故にあって体に障害が残ってしまったときや、病気の後に障害が残ったときに支給される「障害年金」です。

「障害年金」は、障害を受けた本人が加入している年金によって受け取る年金が異なります。国民年金に加入している場合は、「障害基礎年金」、厚生年金に加入している場合は、「障害厚生年金」から、それぞれ支給されます。

「障害基礎年金」を受けるためには、①初診日（障害の原因となった病気やケガで初めて医師の診療を受けた日）のある月の前々月まで国民年金の加入期間の3分の2以上の期間「保険料が納められている」または、「免除されている」こと。②初診日のある月の前々月までの1年間に「保険料の未納がない」こと、などの保険料納付条件が必要です。

国民年金に加入している間に、初診日のある病気やケガで、年金法に定める障害等級の

1級・2級に認定されると「障害基礎年金」が支給されます。ただし、「年金の繰り下げ」の項目（194ページ）でふれますが、気をつけなくてはいけないのは、60～65歳の間に年金の「繰り上げ受給」をしてしまうと、「障害基礎年金」を一切受給できなくなってしまうことです。支給額は、障害の等級や配偶者、子どもの有無によっても変わってきます。

支給額についてですが、2014年4月から「障害基礎年金」の年間支給額は、1級障害が96万6000円、2級障害が77万2800円になりました。

また、18歳未満の子どもがいる場合（または1級・2級の障害の状態にある20歳未満の子がいる場合）、子どもの数に応じて、子ども1人につき一定額（子ども2人までは1人につき22万2400円、3人目以降は1人につき7万4100円）が加算されて支給されます。

「障害厚生年金」を受けるためには、「障害基礎年金」の保険料納付の条件を満たしていることが条件です。厚生年金に加入している間に初診日のある病気やケガで「障害基礎年金」の障害者等級の障害者1級、2級に該当する障害の状態になったときは、「障害基礎年金」に上乗せして「障害厚生年金」が支給されます。

1級障害者は報酬比例の年金額の1・25倍、2級障害は報酬比例の年金額が、「障害厚

障害年金のしくみ

障害等級が1級の場合

- 障害厚生年金
  報酬比例の年金額×1.25
- 配偶者加給年金
  22万2400円

＋

- 障害基礎年金 96万6000円
- 子どもの加算
  2人まで1人につき22万2400円、
  3人目から1人につき7万4100円

障害等級が2級の場合

- 障害厚生年金
  報酬比例の年金額
- 配偶者加給年金
  22万2400円

＋

- 障害基礎年金 77万2800円
- 子どもの加算
  2人まで1人につき22万2400円、
  3人目から1人につき7万4100円

障害等級が3級の場合

- 障害厚生年金
  報酬比例の年金額。
  57万9700円に満たない場合は
  57万9700円

障害手当金

115万200円

生年金」の支給額になります。65歳未満の配偶者がいる場合は、年間22万２４００円が加算されて支給されます。

３級障害は「障害基礎年金」の支給はなく、「障害厚生年金」のみの支給です。また初診日から5年以内に病気やケガが治り、「障害厚生年金」を受けるよりも軽い障害にある場合は「障害手当金（一時金）」が支給されます。

届け出先／市区町村、または年金事務所

仕事中・通勤中のケガや病気は治療費が無料になる

療養補償給付 国

もらえるお金
治療費を支給

労災の場合は、健保ではなく、労災保険の対象に

働いている人が、業務上や通勤途上の災害のために、ケガをしたり病気になったりした災害を「労働者災害（労災）」といいます。労災に対して所定の保険給付を行う制度が「労働者災害補償保険（労災保険）」です。従業員が1人でもいる事業所は、必ず「労災保険」に加入しなければなりません。保険料は全額、事業主負担です。労災は、病気やケガの原因となった「災害」が労災保険の適用になるかどうかを労働基準監督署が認定します。労災による病気やケガで医療機関にかかったときは、その病気やケガが治るまで、自己負担なしで治療が受けられます。これを「療養補償給付」といいます（通勤途上の労災の場合は「療養給付」）。労災病院や指定された病院等で受診すれば、治療費がかかりませんが、もし労災病院等が遠方だったり、急を要するために他の医療機関を受診したときには、窓口で医療費をいったん全額負担します。その後手続きをすれば、「療養の費用」として負担した分が全額返金されます。通勤災害により、療養給付を受ける場合は、200円の自己負担金があります。

届け出先／労働基準監督署

労災保険のおもな給付

	給付		特別支給金（一時金）	特別年金・特別一時金（ボーナスから算定）
治療を受ける	療養（補償）給付	療養の給付	—	—
		療養の費用の給付	—	—
仕事を休む	休業（補償）給付		休業特別支給金	—
療養が長期化	傷病（補償）年金		傷病特別支給金	傷病特別年金
障害が残る	障害（補償）給付	障害等級第1〜7級		
		障害（補償）年金	障害特別支給金	障害特別年金
		障害等級第8〜14級		
		障害（補償）一時金	障害特別支給金	障害特別一時金
介護を受ける	介護（補償）給付	—	—	—
亡くなったとき	遺族（補償）年金		遺族特別支給金	遺族特別年金

※仕事中の労災の場合はカッコ内の「補償」が入る（例:「療養補償給付」）。
通勤途中の労災の場合は「補償」が入らない（例:「療養給付」）
※「特別支給金」「特別年金または特別一時金」がある場合は、「給付」に加えて支給される

労災による休業期間中は賃金の約8割が支給される

休業補償給付 国

もらえるお金

賃金の8割を支給

支給日数に制限はありません

労災によるケガや病気のため仕事を休み、そのために給料が出なければ、労災保険が収入を補償してくれます。これが「休業補償給付」(通勤途上は「休業給付」)です。支給金額は、労災前3カ月の平均給与の日額である「給付基礎日額」(143ページの図参照)の6割です。これにプラスして「給付基礎日額」の2割の金額にあたる「休業特別支給金」が支給されます。合計で、給与の約8割です。税金もかからないので、休む前の手取り収入に比べ、大幅に下がることはありません。「休業補償給付」と「休業特別支給金」の支給が始まるのは、労災で3日休んだあとの4日目からです。3日間の休業は連続でなくてもかまいません。また、この3日間については、「休業補償給付」と「休業特別支給金」は支給されませんが、会社が休業補償をすることが定められています。

ですから労災で休んでも無収入の日はないのです。また「休業補償給付」の支給日数に制限はなく、働けない状態が続けばずっと支給されます。ただし1年半を超えた時点で条件を満たせば、「傷病補償年金」に移行します。

届け出先／労働基準監督署

長期療養になっても収入が補償される

傷病補償年金 国

もらえるお金

賃金の約85%を支給

100万円超の特別支給金（一時金）も支給されます

労災によるケガや病気で、前項の「休業補償給付」をもらいながら療養しても治らないことがあります。

1年半が経過したとき、労災保険の定める「傷病等級」の1級～3級に該当する場合は、「傷病補償年金」（通勤途上は「傷病年金」）の支給に切り替わり、手厚い補償になります。

「傷病補償年金」支給の決定は、労働基準監督署が行いますので、請求手続はありません。2カ月分ずつ年6回の支給になります。

「傷病補償年金」の支給額は、図のように「傷病等級」によって違ってきます。1級の場合は「給付基礎日額」の313日分、3級でも245日分となっています。

さらに一時金として、100万～114万円の「傷病特別支給金」と、ボーナスの日割り金（算定基礎日額）をもとに算出した「傷病特別年金」までもらえるのです。

療養を始めてから1年半が経過しても、「傷病等級」の1級～3級に該当せず、「傷病補

傷病補償年金の額

傷病等級	傷病（補償）年金		傷病特別支給金（一時金）	傷病特別年金（ボーナスから算定）	
第1級	給付基礎日額の	313日分	114万円	算定基礎日額の	313日分
第2級		277日分	107万円		277日分
第3級		245日分	100万円		245日分

「給付基礎日額」の算出方法

給付基礎日額 ＝ 労災にあった日の直前3カ月の賃金 ÷ その期間の暦日数

「算定基礎日額」の算出方法

算定基礎日額 ＝ 労災にあった日以前1年間の特別給与（ボーナス）額 ÷ 365日

償年金」の対象とならなかった場合は、ひき続き「休業補償給付」が支給されます。

届け出先／労働基準監督署

労災によって障害が残った場合に支給される

障害補償給付 国

もらえるお金

給与の10カ月分以上（1級）

1級は340万円超の特別支給金（一時金）も支給

労災によるケガや病気が治癒したあと、身体に一定の障害が残ってしまうことがあります。そのとき支給されるのが、「障害補償給付」（通勤途上は「障害給付」）です。完全に治癒していなくても、症状が固定していて、これ以上治療を続けても効果が見込めないときには、「治癒」とみなして支給されます。

「障害（補償）給付」の対象となるのは、労災保険法に定められた障害等級に該当する場合です。障害等級は、障害の程度が非常に重度の第1級から、比較的軽度の第14級まで細かく定められています（146ページの図参照）。この障害等級は、身体障害者手帳の等級とは違うものです。

支給額は障害等級によって異なり、障害が重くなるほど手厚くなります。支給方法も、障害の程度により「一時金」と「年金」の二つに分かれます。一つずつみていきましょう。

まず一つ目は、「一時金」として、障害が比較的軽度の「第8級から第14級の人」に支給される「障害補償一時金」です（通勤途上の場合「障害一時金」）。上の図のように、第

8級では給付基礎日額の503日分、第9級は391日分で、年間の月給よりも多い金額が一時金としてもらえるのです。さらに「障害特別支給金」と、ボーナスの日割り金（算定基礎日額）をもとに算出した「障害特別一時金」も支給されるようになっています。

もう一つは、「年金」という形で、障害の程度が重い「第1級から第7級の人」に支給される「障害補償年金」です（通勤途上の場合「障害年金」）。2カ月分ずつ年6回の支給になります。支給額は真ん中の図のように、第1級では「給付基礎日額」の313日分。つまり給与の10カ月分以上の金額が、毎年、年金としてもらえるのです。ただし、厚生年金や国民年金から「障害年金」を受け取るときは、支給調整が行われ、下の図のように「障害（補償）年金」が減額されます。

「第1級から第7級の人」も「第8級から第14級の人」と同じように、一時金として「障害特別支給金」がもらえます。支給額は第1級では342万円、第7級でも159万円と、かなりの高額です。もし、すでに「傷病特別支給金」をもらっているときには、差額の支給となります。またボーナスの日割り金（算定基礎日額）をもとに算出した「障害特別年金」も支給されるので、たいへん手厚い制度だといえるでしょう。

届け出先／労働基準監督署

障害（補償）一時金（障害等級第8級～第14級）

障害等級	障害（補償）一時金（給付基礎日額の）	障害特別支給金（一時金）	障害特別一時金（算定基礎日額の）
8級	503日分	65万円	503日分
9級	391日分	50万円	391日分
10級	302日分	39万円	302日分
11級	223日分	29万円	223日分
12級	156日分	20万円	156日分
13級	101日分	14万円	101日分
14級	56日分	8万円	56日分

障害（補償）年金（障害等級第1級～第7級）

障害等級	障害（補償）年金（給付基礎日額の）	障害特別支給金（一時金）	障害特別年金（算定基礎日額の）
1級	313日分	342万円	313日分
2級	277日分	320万円	277日分
3級	245日分	300万円	245日分
4級	213日分	264万円	213日分
5級	184日分	225万円	184日分
6級	156日分	192万円	156日分
7級	131日分	159万円	131日分

障害厚生年金・障害基礎年金との支給調整

障害（補償）年金と併給する年金給付	障害厚生年金と障害基礎年金の両方	障害厚生年金	障害基礎年金
障害（補償）年金の減額	73％に減額	83％に減額	88％に減額

労災で介護状態になった場合に給付される

介護補償給付 国

もらえるお金

上限
約10万円

障害の状態や介護サービスの種類によって異なります

これまでのページで、労災の療養が長期化した人がもらう「傷病（補償）年金」や、身体に一定の障害が残った人がもらう「障害（補償）給付」の説明をしました。これらの給付を受けている人のなかには、日常的に介護を必要とする場合があります。この介護状態を二つに分けて「常時介護」と「随時介護」（次のページの図参照）といいます。二つの介護に必要な費用を補填する制度が「介護補償給付」（通勤途上の場合は「介護給付」）です。給付金は図のようになります。

「介護（補償）給付」が受けられるのは、「障害（補償）年金」「傷病（補償）年金」の受給者です。実際に自宅で介護サービスを利用したり、「親族・友人・知人」から介護を受けている人に支給されます。なお、身体障害者療護施設、老人保健施設、特別養護老人ホームなどに入所していないことが条件です。施設に入所している場合、十分な介護サービスを受けていると判断されるため支給対象にはならないのです。

届け出先／労働基準監督署

介護補償給付の条件と支給額

	該当する方の具体的な障害の状態	支給額（親族または友人の介護を受けていない場合）
常時介護	❶ 精神神経・胸腹部臓器に障害を残し、常時介護を要する状態に該当する（障害等級第1級3・4号、傷病等級第1級1・2号）	10万4290円を上限に、介護の費用として支出した額
	❷ ●両眼が失明するとともに、障害または傷病等級第1級・第2級の障害を有する ●両上肢および両下肢が亡失または用廃の状態にある など❶と同程度の介護を要する状態である	
随時介護	❶ 精神神経・胸腹部臓器に障害を残し、随時介護を要する状態に該当する（障害等級第2級2号の2・2号の3、傷病等級第2級1・2号）	5万2150円を上限に、介護の費用として支出した額
	❷ 障害等級第1級または傷病等級第1級に該当し、常時介護を要する状態ではない	

※親族または友人の介護を受けている場合は、支給額が異なります

介護の心身と金銭面の負担を減らすことができる

介護保険制度 国

もらえるお金

利用額の上限は約36万円

身体の状態によって利用できるサービスが異なります

高齢になると、病気やケガで身の回りのことを、1人ではできなくなることがあります。それをサポートしてくれるのが公的な「介護保険」。「介護保険」を利用することで、家族（介護者）の心身の負担が軽くでき、なによりも介護費の負担を抑えることができます。

介護保険は医療保険とは違い、市区町村の窓口などで申請手続きが必要になります。まず介護サービスを利用するには、申請手続きをして「要介護の認定」を受けることが条件です。その人の要介護度によって利用できる支給限度額が違ってきます。介護保険料は、40歳以上の人が被保険者として納めることになっています。

被保険者は二つに分かれていて、第1号被保険者は65歳以上の人が対象で、保険料はおもに年金から天引きされます。第2号被保険者は、40～64歳の人が対象で、医療保険と同様に月々の報酬から徴収されます。保険料は3年ごとに見直されます。

要介護の認定は、「心身の状況などに関する調査」と「主治医の意見書」をもとに介護認定審査会で決定します。要介護度は151ページの図のように、心身の状態が軽いほうから「要支援1、2」、「要介護1～5」の計7段階に分かれています。要介護度に応じて、1カ月に利用できる介護サービス費の支給限度額が異なります。介護サービスのケアプランは、支給限度額内に収まるように担当ケアマネジャーが作成します。

利用した介護サービス費の9割は、保険から直接サービス事業者に支払われ、残りの1割を利用者が負担します。同じ要介護度でも、1カ月に利用するサービスの回数によっても介護費は変わってきます。

どのくらい支援が受けられるか、みていきましょう。要介護度によって支給限度額は違ってきますが、要介護度の軽い「要支援1」の人は、日常生活がほぼ自分でできるため、1カ月の支給限度額は一番少ない5万30円。実際に利用できるサービスも限られていて、自己負担額も少なくてすみます。もっとも重いランクの「要介護5」の人は、寝たきりで全面的な介助が必要なため、1カ月の支給限度額は36万650円。要介護度の重い人ほどサービスを多く利用するので、その分自己負担額も増えます。

2015年4月から、要支援1、2の予防給付のうち、介護予防の訪問介護と通所介護が、介護保険から外れ各市町村の事業へと移行します。

届け出先／市区町村、地域包括支援センター

介護保険の1カ月の支給限度額とサービスの目安

区分	身体の状態の目安	支給限度額（自己負担額）／平均費用額	利用できる在宅サービスの目安
要支援1	ほぼ自立して生活できるが、家事などで一部支援が必要。	5万30円（5003円）／2万3240円	週1回の介護予防訪問介護、介護予防通所系サービス、月2回の施設への短期入所、福祉用具の貸与など／週2～3回のサービス
要支援2	立ち上がりや歩行が不安定。介護状態への移行を防ぐために、予防重視の支援が必要。	10万4730円（1万473円）／4万2020円	週2回の介護予防訪問介護、介護予防通所系サービス、月2回の施設への短期入所、福祉用具の貸与など／週3～4回のサービス
要介護1	立ち上がりや歩行が不安定。家事能力などが低下し、部分的に介護が必要。	16万6920円（1万6692円）／7万4240円	週3回の訪問介護、週1回の訪問看護、週2回の通所系サービス、3か月に1週間ほどの短期入所、福祉用具の貸与など／1日1回程度のサービス
要介護2	立ち上がりや歩行が困難。食事・排泄・入浴などに一部介護が必要	19万6160円（1万9616円）／10万1680円	週3回の訪問介護、週1回の訪問看護、週3回の通所系サービス、3か月に1週間ほどの短期入所、福祉用具の貸与など／1日1～2回程度のサービス
要介護3	立ち上がりや歩行がかなり困難。食事・排泄・入浴などに全面的介護が必要	26万9310円（2万6931円）／15万1180円	週3回の訪問介護、週1回の訪問看護、週3回の通所系サービス、毎日1回の夜間の巡回型訪問介護、2か月に1週間ほどの短期入所、福祉用具の貸与など／1日2回程度のサービス
要介護4	立ち上がりが非常に困難。食事・排泄・入浴などに全面的介護が必要。介護なしでは日常生活が困難。	30万8060円（3万806円）／18万4380円	週6回の訪問介護、週2回の訪問看護、週1回の通所系サービス、毎日1回の夜間の巡回型訪問介護、2か月に1週間ほどの短期入所、福祉用具の貸与など／1日2～3回程度のサービス
要介護5	寝たきりなどで、生活全般に全面的な介護が必要。介護なしでは日常生活が不可能	36万650円（3万6065円）／22万5220円	週5回の訪問介護、週2回の訪問看護、週1回の通所系サービス、毎日2回（早朝・夜間）の夜間対応型訪問介護、1か月に1週間ほどの短期入所、福祉用具の貸与など／1日3～4回程度のサービス

※介護サービスの対価として、事業者や施設に支払われる「介護報酬」の基準となる「単価」は地域によって異なります
※2012年介護給付費実態調査（4月審査分）

介護費が高額になったときにお金が戻る

高額介護サービス費 国

もらえるお金

限度額を超えた分の利用料が戻ってくる

所得額によって上限額が異なります

　在宅で家族が介護をすることを前提に作られた「介護保険」ですが、最近では、介護者も働いている家庭が多くなってきています。日中、利用者を家に残し、働きながら介護をする世帯も。当然、居宅サービスや施設サービスの利用回数も増える傾向にあり、介護費用は膨らみ、家計を圧迫する結果になってしまいます。このように、サービスの負担額が高額になった場合、介護保険制度の「高額介護サービス費制度」が利用できます。

　この「高額介護サービス費」は、１カ月に介護サービスを利用して支払う「自己負担上限額」を超えた場合、超えた金額を取り戻すことができる制度です。同じような制度に医療保険の「高額療養費制度」があります。「高額介護サービス費」は、収入によって４段階に分かれています。たとえば、最も収入が多い「低所得者等以外」に該当する人は３万７２００円、２番目に多い「世帯全員が住民税非課税で年金が80万円超」の人は２万４６００円が自己負担上限額になります。サービス利用者は、先にサービス事業者に料金を支払いますが、申請後、上限額を超えたお金は戻ってきます。

届け出先／市区町村

医療費が年間10万円を超えたら忘れずに確定申告を

所得税の医療費控除 国

もらえるお金

10万円超の分の税金が還付

注意　確定申告しなければもらえないので

年間の医療費が10万円を超えた場合、確定申告をすれば、超えた分が所得税から控除されます。これを「所得税の医療費控除」といいます。扶養家族がいるいないにかかわらず、家族全員の分を合算することができます。もっとも収入が多い人が控除をすると有利です。

医療費控除の対象となる金額の計算式は、次のようになります。

「1年間の医療費の合計」－「保険金など補塡されたお金」－「10万円（所得が200万円未満なら総所得金額の5％）」＝「（A）医療費控除の対象金額（最高200万円）」

（A）が計算できたら、（A）に自分の所得税率を掛け算したものが、控除金額です。

医療費控除の対象となるのは、診察代、入院代、出産費用、歯の治療代、不妊治療代、薬代、通院時の電車賃やバス代、緊急時のタクシー代、松葉杖・義歯等の費用などです。

反対に対象とならないのは、自家用車で通院した際のガソリン代、入院時の差額ベッド代、入院用品代（パジャマなど）、予防接種代、健康維持のためのビタミン剤などです。

届け出先／自分の住所地を所轄する税務署

難病の重症患者は現在は医療費無料

難病医療費等助成 国

もらえるお金
重症は医療費が無料

政府の制度変更で負担増になる人も

「難病」とは、症例数が少なく原因不明で、効果的な治療方法が見つかっていない病気のことをいいます。

長期にわたって生活に支障をきたし、後遺症を残す恐れも少なくありません。病気の症状による苦痛に加えて、将来への不安や金銭的な不安など、精神的な苦痛も大きいようです。看病や介護で常に人手を要するため、家族の負担も相当なものになります。このような難病の人への支援対策を「難病助成」といいます。

現在、難病対策としては、国と都道府県とが費用を負担して、特に治療がむずかしい56種類の病気について、医療費の助成が行われています。重症の患者や、スモン、プリオン病など特定の病気の患者は医療費がかかりません。

それ以外の患者には医療費の自己負担があります。自己負担の金額は収入に応じて最高3万4650円の月額上限金額（2014年12月現在）が設定されていて、それを超える支払いはありません。

先ほども説明したように、難病は患者だけではなく、看病する家族にも大きな負担がかかります。２０１３年４月に施行された「障害者総合支援法」により、難病患者も「障害福祉サービス」の対象となりました。ホームヘルパーを派遣してもらい、食事や入浴などの身体介護サービス、調理や掃除などの家事援助サービスを受けることができるようになったのです。自己負担の月額上限金額は、最高３万７２００円（２０１４年４月現在）で、月額上限金額を超える支払いは生じません。家族の負担軽減につながることが期待されます。

２０１３年10月、厚労省は新たな難病対策案を示しました。大きな柱が二つあります。まず一つ目は、医療費助成対象の病気の数が、現在の56種類から約３００種類へと大幅に増えることです。これまで、患者数がごくわずかしかいないために、難病支援から取り残され、高額な医療費を自己負担していた病気も助成対象となるのです。不公平感の軽減になると思われます。医療費助成の対象となる病気の患者数は、現在の約78万人から１５０万人以上に拡大する方針です。

ただし医療費助成の目安の一つに「患者数が人口の０・１％程度以下」という項目があります。患者数が13万人を超える潰瘍性大腸炎、患者数が11万６０００人のパーキンソン病は、対象から外れる可能性が出てきました。

二つ目の柱は、難病の医療費の負担が変わることです。これまで医療費の自己負担割合は3割でしたが、これを2割に減らします。その代わりに収入に応じた月額上限額を設定。自己負担額は最高で月額3万円で、年間の自己負担額の上限は24万円となります。

現在は医療費がかからない重症の患者にも、医療費の負担が生じます。また、軽症者は助成を打ち切られる場合も。急激な負担増を避けるために、3年程度の経過措置のあとに実施となりますが、経済的な理由で治療回数を減らし、症状が悪化する人が出てくるのではないかと懸念されます。

この新難病対策案は今後、国会で審議され、2015年1月の施行を目指しています。

届け出先／市区町村

市区町村独自で行われている介護の上乗せサービス

自治体独自の介護サポート 自

もらえるお金

約7万円上乗せ

配食や紙おむつ支給など介護保険にないサービスも

国が定める介護保険制度は全国共通ですが、自治体によっては、プラスアルファの「独自の介護サポート」を行っているところがあります。介護サービスの支給限度額に、独自に金額を上乗せしている自治体もあり、これを「上乗せサービス」といいます。

たとえば愛知県高浜市では、要介護1から要介護5までの人の1カ月あたりの居宅サービス費の支給限度額に数万円が上乗せされています。もっとも上乗せ額が大きいのは要介護4です。国の基準では30万８０６０円のところ、高浜市は38万１４５０円。つまり7万３３９０円も上乗せされているのです。

また、介護保険に含まれないサービスを行っている自治体もあります。これを「横だしサービス」といいます。よく行われているのは、配食サービス、紙おむつ支給、移送サービス、家事支援サービス、布団乾燥サービスなどです。

お住まいの自治体にも独自のサービスがあるかどうか、調べてみるとよいでしょう。

届け出先／市区町村

第5章　「結婚・出産」でもらえるお金

出産すると42万円が支給される

出産育児一時金 国

もらえるお金

一時金
42万円

健保によっては上乗せのお金があることも

出産のときにかかる費用はとても高額です。出産は病気ではないので健康保険がきかず、全額自己負担だからです。２０１０年の厚労省の調査によると、都道府県別の出産費用の平均額がもっとも高かったのは東京都で約56万円、全国平均でも約47万円でした。これはあくまでも平均の金額ですので、医療機関によっては60万円以上かかることもあります。

このような出産による経済的負担を減らすため、加入している国民健康保険や各健康保険などから支給されるのが「出産育児一時金」です。子ども1人につき42万円が支給されます（産科医療補償制度に加入していない医療機関で出産した場合は39万円）。

出産育児一時金は、出産した本人が国民健康保険や健康保険の被保険者なら、自分が加入している国民健康保険や健康保険からもらえます。未婚か既婚かは問われません。1年以上健康保険に加入して、退職後6カ月以内の出産なら、働いていたときに加入していた健康保険からもらうことができます。

専業主婦など夫が加入している健康保険の被扶養者になっている人もいるでしょう。そのときは、夫が加入している健康保険からの支給となります。この場合は「家族出産育児一時金」といいます。

加入している健康保険によっては、42万円に上乗せした独自の「付加給付」がつくこともあります。市区町村などでも、住民の出産費用を助成しているところがあります。加入している健康保険の種類にかかわらずもらえますので、お住まいの自治体を調べてみることをおすすめします（１７３ページの「出産支援」参照）。

妊娠中も働いていて、退職してから半年以内に出産したときは、自分と夫のどちらの健康保険からも、出産育児一時金をもらうことが可能な場合があります。そのとき、重複してもらうことはできず、どちらか一方を選択します。加入している健康保険によっては付加給付があるので、多くもらえるほうを選ぶとよいでしょう。

出産育児一時金42万円という金額は、子ども1人あたりの額です。ですから、双子を出産したときには、42万円の2倍の84万円が支給されます。帝王切開での出産でも、一部が医療費の扱いとなりますが、やはり子ども1人あたり42万円です。なお、22週未満で出産したときには、支給額は子ども1人あたり39万円になります。妊娠12週（85日）に達したあとの流産や死産でも、出産育児一時金は支給されます。

医療機関への出産費用の支払いには、２００９年から「直接支払制度」が導入されています。これにより、出産育児一時金が健康保険から直接、分娩した医療機関に出産費用として支払われる仕組みとなりました。かつてのように、退院するときに何十万円ものお金を用意しなくてすむようになったのです。

ただし医療機関への支払い金額が42万円を超えるときには、不足分は自分で支払わなければなりません。反対に、支払い金額が42万円に達していなかったときには、健康保険に対して差額分を請求することができます。

小規模の医療機関では、直接支払制度を導入していないところもあります。代わりに「受取代理制度」に対応しているときには、出産予定日の2カ月前以降に加入している健康保険に申請すると、その医療機関が本人の代理として出産育児一時金を受け取るようになるため、直接支払制度と同様、高額の費用を用意しなくてすみます。

もし「直接支払制度」と「受取代理制度」のどちらにも対応していない医療機関なら、窓口で全額を支払います。あとで申請すれば、出産一時金の支給を受けられます。

届け出先／市区町村（国保の場合）、健康保険組合、協会けんぽ都道府県支部

産休中でも給料の3分の2がもらえる

出産手当金 国

もらえるお金

日給の3分の2を支給

退職しても受給できるケースがある

働いている女性が出産のために産休をとり、その間、給料がもらえないときに、健康保険から支給されるのが「出産手当金」です。お金の心配をせずに出産前後に安心して休養できるよう、仕事を休んでいる間の生活を保障する意味合いがあります。

出産手当金は、健康保険に加入している人なら、契約社員や派遣社員、パート、アルバイトの人でも支給されます。以前は、退職して半年以内の人や健康保険を任意継続している人ももらうことができましたが、現在は対象外になっています。また市町村国民健康保険には、この制度がありません。

出産手当金の対象となるのは、１６５ページの図のように出産日前の42日（多胎妊娠では98日）と、出産日の翌日から56日までの期間のうち、実際に産休をとった日です。出産日が予定日より遅くなったときは、遅くなった日数がプラスされますが、予定日より早くなったときには、その分、出産日前の日数が減るので、出産手当金の額も減ってしまいます。

出産手当金は、もらっていた給料をもとに計算しますので、人によって金額が違います。出産手当金の1日あたりの金額は、標準報酬日額の3分の2。その金額が産休をとった日数分もらえるのです。標準報酬日額は、おおよそ標準報酬月額（残業代、通勤手当、住宅手当などを含めた1カ月の賃金の平均）を30日で割ったものと考えればいいでしょう。

たとえば図のように、標準報酬月額24万円（標準報酬日額＝8000円）の場合は、出産手当金の支給額は、1日につき8000円×3分の2＝5333円です。したがって、予定通りに生まれた場合は、5333円×98日＝52万2634円の出産手当金が支給されます。

もし産休中に給料が出ていても、出産手当金よりも金額が低いときには、差額をもらうことができますが、給料が出産手当金を上回るときには、出産手当金は支給されません。

なお、退職しても出産手当金をもらえることがあります。それは退職までに健康保険の被保険者期間が継続して1年以上あり、次のA、Bいずれかにあてはまる場合です。

A　退職した時点で、すでに出産手当金の支給を受けている。

B　出産日以前42日目が健康保険の加入期間に含まれ、かつ、退職日に出勤していない。

届け出先／健康保険組合、協会けんぽ都道府県支部

出産手当金の給付日数

出産予定日に出産した場合
または出産予定日より早く出産した場合

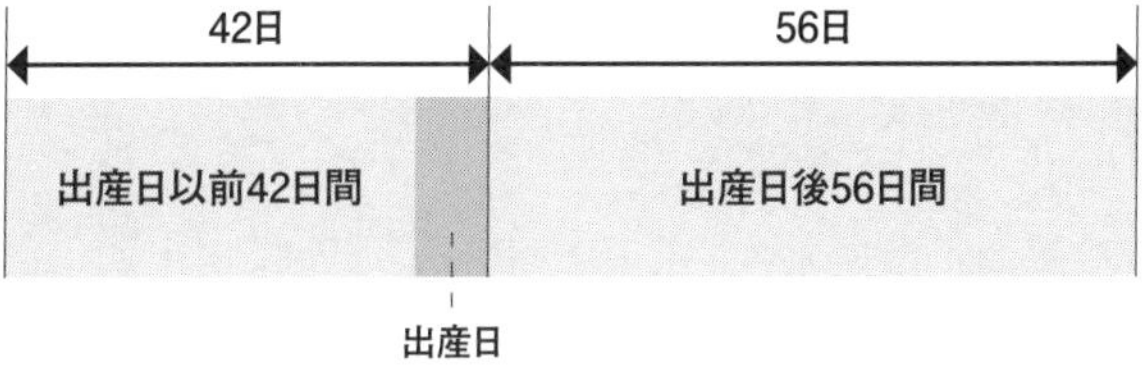

出産予定日より遅れて出産した場合

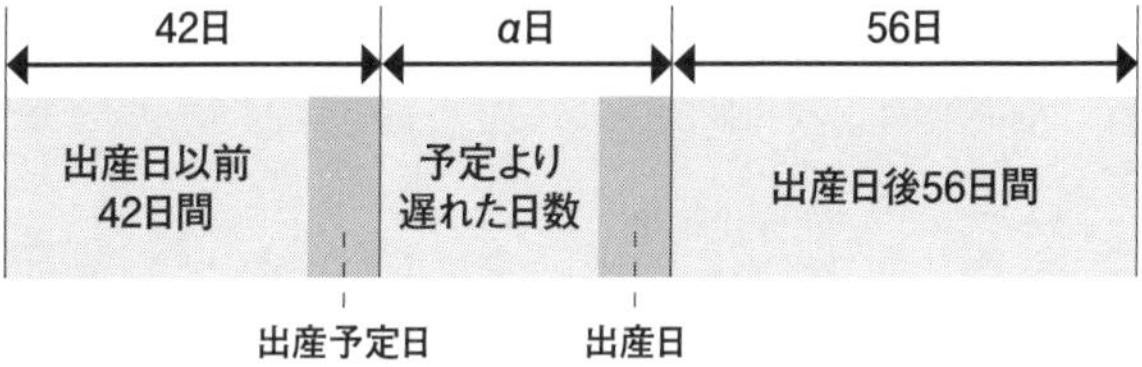

出産手当金の支給額

標準報酬月額24万円（標準報酬日額＝8000円）の場合

1日につき8000円 × 2／3 ＝ 5333円

5333円 × 98日 ＝ 52万2634円

（出産予定日に出産した場合の支給額）

子育て家庭の支援のため、2014年4月からはじまる

産休中の社会保険料免除 国

もらえるお金

月単位で免除

老齢厚生年金の受けとり額は減らない仕組みです

出産のときに取得する産前産後休業、いわゆる「産休」の間は、健康保険から出産手当金は支給されますが、約7割の会社からは給料が出ていません。その場合でも、これまでは社会保険（厚生年金・健康保険）の保険料は免除されず、支払わなければなりませんでした。産休中に給料が出なければ、給料から保険料を控除することができません。そのため、産休前に数カ月に分けて先に控除されたり、産休中に会社から保険料の請求書が送られてきて振り込んだりしなければならず、処理が煩雑になってしまいます。

2014年4月からは、申請すれば「産休中の社会保険料免除」が行われます。産休をとった本人と事業主の両方の保険料が免除になったのです。社会保険料の免除は、少子化対策の一つとして、すでに「育児休業（育休）」の期間中には実施されています（23ページ「育児休業中の社会保険料免除」参照）。今回、産休の期間中にも免除されるようになるので、子育て家庭の経済的支援の強化になるといえるでしょう。

保険料が免除されるのは、産休を開始した月から終了した月の前の月まで。日割りでは

なく、月単位での免除になります。産休の途中で２０１４年４月を迎える人は、３月までの分は保険料を支払い、４月以降の分は免除になります。

この制度により健康保険料を免除されていても、病気などのために医療機関を受診したときには、通常通り３割負担で診察してもらえます。産後に体調が悪くても、安心して病院に行くことができるので心強いでしょう。

厚生年金の保険料免除についても、不利にならないように考慮されています。免除された期間は、保険料を払った期間として算定されるのです。「保険料を免除されても、将来受給する年金額は減らない」というメリットは、育児休業中の保険料免除の場合と同じです。産休後に復職し、出産前に比べて給料が下がったときには、保険料も安くなります。

ただし、年金の基となる給料（標準報酬月額）は、出産前の高い給料のまま。産休を取得しても、将来の年金額が減らないような仕組みになっているのです。

現在、国民年金の第１号被保険者である自営業者や自営業者の妻、パートタイマーなどは産休期間中の社会保険料の免除がありません。今後、検討されることになるようです。

届け出先／勤務先、年金事務所など

保険がきかない妊婦健診費用を助成してもらえる

妊婦健診費用助成 国

もらえるお金

平均
約10万円

12万円超の手厚い市区町村も。一方、低い自治体も

妊娠中は定期的に妊婦健康診査、いわゆる「妊婦健診」を受ける必要があります。全部で14回前後ですが、保険がきかず全額自己負担。1回の費用が3000円から1万円程度なので、合計するとかなりの金額になります。経済的な心配をせずに妊婦健診が受けられるように、自治体は「妊婦健診費用助成」を行い、14回分の費用を助成しています。

助成額は自治体によって異なります。厚労省によると2012年の14回の妊婦健診の助成の合計額は、全国平均で約9万7000円でした。12万円を超える手厚い市区町村もあれば、5万円未満のところも少数ですがありました。

一般的な助成方法は、母子健康手帳と共に14回分の受診券が配布され、それを妊婦健診時に医療機関に出せば、無料か差額を足して受診できるというもの。里帰り出産など、住んでいる地域以外で受診したときも助成されます。その場合、あとから市役所などに領収書を添えて申請し、受診券相当の金額を振り込んでもらうという方法が多いようです。

届け出先／市区町村

出産費用のなかには、医療費控除の対象になるものがある

出産費用の医療費控除 国

もらえるお金

10万円超の分の税金が還付

注意　確定申告しなければもらえないので

一年間に10万円を超える医療費がかかったとき、確定申告で医療費控除の手続きをすれば還付金があることは、みなさんご存じでしょう。妊娠中や出産にかかった費用のなかにも、医療費に含めることができ、「医療費控除」の対象となるものがあります。

出産費用のうち医療費と認められるのは、妊婦健診費、分娩・入院費（出産育児一時金42万円や付加給付金などを差し引いた金額）、診察・治療費、治療に必要な薬代、通院にかかった電車賃やバス代、出産で入院するときのタクシー代などです。

反対に医療費と認められないものは、妊娠検査薬、マタニティ用の下着、自家用車で通院したときの駐車場代やガソリン代、里帰り出産のための帰省交通費、パジャマや洗面道具などの入院用品代、医師に対する謝礼などです。

家族の年間医療費が10万円以上になりそうなときは、念のため領収書を保管しておきましょう。医療費控除の計算方法は１５３ページの「所得税の医療費控除」を参照してください。

届け出先／自分の住所地を所轄する税務署

不妊治療代が1回につき15万円まで助成される

特定不妊治療助成 国

もらえるお金
1回
15万円

年齢制限や回数制限があります

子どもを望んでいるのになかなか妊娠せず、不妊治療を行う夫婦は多数にのぼります。その一方で、不妊治療は保険がきかず非常に高額なので、治療を断念する人も少なくありません。不妊治療の中でも高度な技術を要する体外受精や顕微授精は、1回で約20万〜50万円もかかるからです。

国は不妊治療による経済的負担を減らすため、「特定不妊治療助成」を行っています。実施の主体は自治体です。助成額は体外受精か顕微授精1回につき15万円。採卵を伴わない凍結杯移植、採卵したが卵が得られないために中止した場合などは7万5000円になります。所得制限があり、対象は夫婦合算での所得額が730万円未満の方です。

現行の制度（2014年3月まで）では年間の助成回数に上限があります。1年度目は3回まで、2年度目以降は年2回までです。通算5年間助成してもらえ、助成回数は通算で10回までとなっています。自治体によっては、助成金額を上乗せしたり、独自の助成内容が追加されているところもあります。

不妊治療助成の見直し部分

	2013年度	2014〜2015年度	2016年度〜
対象年齢	制限なし	制限なし	42歳まで
通算回数	10回	6回※1	6回※2
年間回数	2回※3	制限なし	制限なし
通算期間	5年	制限なし	制限なし

（※1）40歳以降で始めた人は5回
（※2）40歳以降で始めた人は3回
（※3）初年度3回

厚労省の不妊治療支援のあり方を見直す検討会は、２０１３年８月、不妊治療助成の対象を「42歳まで」とする結論を出しました。助成回数については、年間の回数制限をなくして、代わりに通算回数を６回（40歳以降に開始した場合は３回）までに減らします。見直し部分をまとめたものが上の図です。２０１６年から適用されます。

２０１４年４月から２年間は移行期間。年齢制限なしのまま、年間回数の制限を撤廃し、通算回数６回まで（40歳以降に開始した場合は５回まで）としています。

届け出先／市区町村

妊娠中の病気などによる通院・入院で医療費が助成される

妊産婦医療費助成制度 自

もらえるお金

月額500円超が無料に

自治体によって制度の有無、金額が異なります

妊娠中の病気を早期に発見して治療できるよう、健康保険が適用になる病気などの治療費、入院費を助成するのが「妊産婦医療費助成制度」です。切迫流産の入院費なども対象になります。残念ながら、実施している自治体は全国でも限られています。

実施している自治体の多くは、月額数百円～2500円程度の自己負担があります。所得制限を設けているところもあります。なかには歯科の治療費を助成してくれる自治体も。妊娠中は虫歯になりやすい傾向があるので、助かる制度だといえます。

例として栃木県宇都宮市をみていきましょう。助成される期間は、母子健康手帳の交付を受けた月の初日から、出産した月の翌々月の末日まで。妊娠中だけではなく、出産後の不調にも対応しているのです。宇都宮市の場合は所得制限はありません。自己負担額は医療機関ごとに外来と入院も別々で、それぞれ月額500円です。

出費が重なる妊娠出産期の医療費負担が軽減される心強い制度です。

届け出先／市区町村

家計を助ける市区町村独自の出産支援制度

出産支援 自

もらえるお金
最大18万円など

自治体によって制度の有無、金額が異なります

出産には何かとお金がかかります。出産育児一時金（１６０ページ）でも書きましたが、２０１０年の出産費用の全国平均は約47万円にもなります。出産育児一時金で42万円が支給されますが、それだけではまかなえないケースも多いのです。不足分を補うために、出産費用の一部を助成する独自の「出産支援」を行っている市区町村があります。

たとえば東京都港区では、出産費用から出産育児一時金（42万円＋付加給付）を差し引いた金額を助成してくれます。助成上限額が60万円なので、最大で18万円も助成してもらえるのです。ほかにも、東京都渋谷区では１人の出産につき８万円（付加給付があれば、その分を控除した金額）を助成。また愛知県西尾市でも、46万円から付加給付を含む出産育児一時金を引いた金額がもらえます。ユニークなのは、東京都中央区。妊娠するとタクシー券１万円分がもらえ、産婦人科への通院などに使うことができるのです。

自治体のこのような制度は、子育て家庭にとって非常にありがたいといえるでしょう。

届け出先／市区町村

子どもが多いほど、祝い金が増額される自治体も

出産祝い金 自

もらえるお金

第5子は150万円など

自治体によって制度の有無、金額が異なります

子どもが生まれると、市区町村などによっては「出産祝い金」が出るところがあります。少子化対策や過疎化対策の一面もあるようですが、うれしい制度だといえます。

全国的にも有名なのは福島県矢祭町《やまつり》です。第1子と第2子には10万円、第3子には50万円、第4子になると100万円、第5子は150万円がもらえます。さらに第3子以降は2歳から11歳まで毎年5万円ずつ、計50万円の「健全育成奨励金」まで出るのです。山梨県北杜市も手厚いです。第2子は5万円、第3子は30万円、第4子以降は50万円がもらえます。東京都練馬区でも第3子以降の子ども1人につき20万円が支給されます。

現金ではなく、品物や商品券などを贈る自治体も。東京都新宿区では、友好提携都市である長野県伊那市で作られた木工のおもちゃや食器など8種類の中から、好きなものを一つ選べる仕組みです。東京都中央区では、3万円分の区内共通買物券がもらえます。

お住まいの市区町村にも出産祝い制度があるかどうか、ぜひ調べてみてください。

届け出先／市区町村

お見合いイベントや生活体験などで結婚を支援

婚活サポート 自

もらえるお金

旅費 滞在費 などを助成

自治体によって制度の有無、金額が異なります

国立社会保障・人口問題研究所の「人口統計資料集（２０１２年版）」によると、50歳の時点で一度も結婚したことのない「生涯未婚率」は男女とも増加傾向にあり、２０１０年の男性の生涯未婚率は20％、女性は10％を超えています。また、２０１５年には日本の総人口の４人に１人が65歳以上になるともいわれています。

こうした未婚化の進展や少子高齢化への対応として、「婚活サポート」を行う地方自治体が増えています。サポートの内容は自治体によってさまざまですが、婚活専門のサポートセンターを設置しているところが多いようです。

愛媛県が設置している「えひめ結婚支援センター」では、男女の出会いの場となるイベントの案内や、一対一のお見合い事業、コミュニケーション力を高めるための講座の開催などを行っています。成婚すると記念品をもらえるなど特典もあります。

兵庫県も「ひょうご出会いサポートセンター」を設置し、一対一のお見合いの機会の提供、婚活イベントの案内、農山漁村の男性と都市部の女性の出会いのサポート、交際マナ

ーなどを学ぶ婚活セミナーなどを行っています。

女性が旅行をしながら結婚した場合の生活が体験できる婚活プログラムもあります。北海道の中標津《なかしべつ》町では、20歳から40歳未満の独身女性を対象に、農業に携わる男性を紹介する酪農体験を実施しています。3泊4日から6カ月までの旅費と滞在費を町が助成。そのほか、単発で2泊3日の交流会や、近隣地域の女性を対象にした交流会なども行っています。

東京都は都としての婚活サポートは行っていませんが、市区町村や関連施設、団体などが行っているケースがあります。中央区では、区立中央会館の指定管理者が、中央区内在住・在勤の人を対象に婚活イベント「銀座　出会いの広場」を開催しています。

立川市の農業後継者による組織「立川市農研会」では、独身会員と立川産野菜と果物を使用したスイーツ作り、夕食会というユニークな試みを行っています。

公的な婚活サービスで必要な費用は、イベント参加料やお見合いの経費など、1回数千円程度です。一般の結婚相談所では、登録料や初期費用、会費、成婚料などで数十万円かかることもあるので、かなりお得です。

届け出先／市区町村

過疎地域で結婚・定住するともらえる

結婚祝金 自

もらえるお金

5万円〜100万円など

自治体によって制度の有無、金額が異なります

全国の人口減に悩むいくつかの市町村では、若い世代に定住してもらい、人口増を図ろうと「結婚祝金」を支給しています。

たとえば、１９６５年から２０１０年までの45年間に、人口が54%近く減少した山梨県身延《みのぶ》町では、町に住んでいる人が結婚し、そのまま住み続けると祝金5万円が支給されます。群馬県桐生市も「過疎地域定住促進条例」に基づき、世帯数９１１の黒保根《くろほね》町限定で、1組につき5万円の結婚祝金を出しています。北海道北竜《ほくりゅう》町も5万円、山形県遊佐《ゆざ》町では3万円など、3万〜5万円のところが多いのですが、高額の自治体もあります。

大分県豊後高田市は新婚生活応援金として、10万円を贈呈。対象となるのは、結婚後6カ月以内に市内に居住し、応援金受給後2年以上居住する新婚家庭。夫婦のどちらかが50歳未満であればもらうことができます。群馬県上野《うえの》村では、結婚して村に定住する意志のある45歳以下の人に20万円を支給しています。

結婚祝金を地域通貨で支給している自治体もあります。広島県神石高原《じんせきこうげん》町は「新婚定住

祝い金支給事業」として新婚夫婦に、町内の加盟店で利用できる「こうげん通貨」3万円分をプレゼント。香川県さぬき市では、結婚して市に定住する夫婦に「さぬき市共通商品券」10万円分を交付しています。

それぞれ結婚祝金の支給にあたっては、カップルの年齢、住民登録、申し込み時期などいくつかの条件があります。自治体によって異なるので、必ず申し込み前に確認しましょう。

沖縄県久米島町《くめじま》では、祝金という形ではなく、結婚披露宴の費用を助成する「久米島町結婚披露宴助成金支給事業」を行っています。条件は、島内経済の活性化も目的のため、町内で結婚披露宴を行う、新郎・新婦のいずれかが久米島町に居住している、各種税等の滞納がないなど。支給額は、招待客が50人以上100人未満は30万円、100人以上は50万円です。なお、本人たちは島に住んでいないけれど、親族が住んでいる場合は、通常の支給額の半額が助成されます。

届け出先／市区町村

人口減に悩む地域が設けている制度

結婚仲人報奨金

自

もらえるお金

5万円〜20万円など

自治体によって制度の有無、金額が異なります

人口減に悩む地域では、結婚したカップル本人たちだけでなく、仲を取り持った人にも「結婚仲人報奨金」を出している自治体があります。

山梨県小菅《こすげ》村では、「小菅村若者定住促進の奨励制度」の一つとして、村内に永住しようとしている若者の結婚を成立させた人に、20万円の報奨金を給付しています。この額は、報奨金を出している自治体の中でもかなり多いほうですが、その分「相当困難と認められる婚姻を成立させた人」という条件がついています。

兵庫県朝来《あさご》市の場合は、結婚する２人のうちどちらかが市内に住んでいて、結婚後夫婦で市内に住むカップルを成婚させると、５万円の報奨金をもらえます。

結婚祝金でも紹介した広島県神石高原町は、結婚仲人報奨金も地域通貨です。結婚し町に定住する夫婦の仲人に、「こうげん通貨」10万円分が支給されます。市内に住んでいる人、夫婦の三親等以内の親族は除く、などの条件があります。

届け出先／市区町村

第6章　「老後」にもらえるお金

「国民年金」に加入している人がもらう年金

老齢基礎年金 国

もらえるお金
最大
年額77万2800円

年金事務所などで手続きしないともらえません

老後の生活費を支えてくれる社会保障の一つに、公的年金があります。現在、高齢者世帯では、支出の約7割を年金でまかなっているようです。

年金は、誰でも同じ年金額を受け取れるものではありません。職業によって加入する年金制度が異なり、加入した期間、納めた保険料によって、受け取る年金額は異なります。年金制度のしくみを確認しておきましょう。

年金制度の運用には二つの方法があります。老後に自分が納めた保険料を年金として受け取る「積立方式」と、現在納めている保険料を現在年金を受け取っている世代に支払う「賦課《ふか》方式」です。公的年金は、膨大な積立金をもつ一方で、賦課方式をとっています。

公的年金は、「国民年金」「厚生年金」「共済年金」の三つがあります。これらは2階建て年金ともいわれています。

国民年金は、その1階部分にあたり、日本に住所がある20歳以上60歳未満の人が加入します。国民すべてに共通する国民年金（基礎年金）です。

この基礎年金に上乗せして支給されるのが厚生年金、共済年金の２階部分です。また、１８４ページの図のように、公的年金のほかにも、会社や事業主が導入している企業年金があります。国民年金基金は自営業者（第１号被保険者）が任意で加入することができる制度です。

国民年金の被保険者が対象の「老齢基礎年金」が支給される年齢は65歳です。65歳になったとき、加入した期間に応じた額を受け取れます。

国民年金への加入が義務付けられているのは20歳から60歳までの40年間。40年間すべて保険料を納めれば、老齢基礎年金は77万２８００円（２０１４年４月～）です。

加入義務のある40年間のうち、原則25年以上加入していなければ、老齢年金は受け取れません。25年だけしか加入していないと、老齢基礎年金は48万３０００円となり、月額４万円程度の年金しかありません。

年金が支給される年齢の３カ月前に日本年金機構から本人宛に「年金請求書」が送られてきます。この書類を確認・記入し、必要書類を添えて年金事務所または年金相談センターに請求すると年金の支給が始まります。つまり、年金は自分で手続きをして請求しなければ、支給されないということです。

届け出先／市区町村、年金事務所

日本の年金制度

年金に加入して保険料を納める人を「被保険者」といいます。
すべての人に共通する国民年金の被保険者は3種類です。

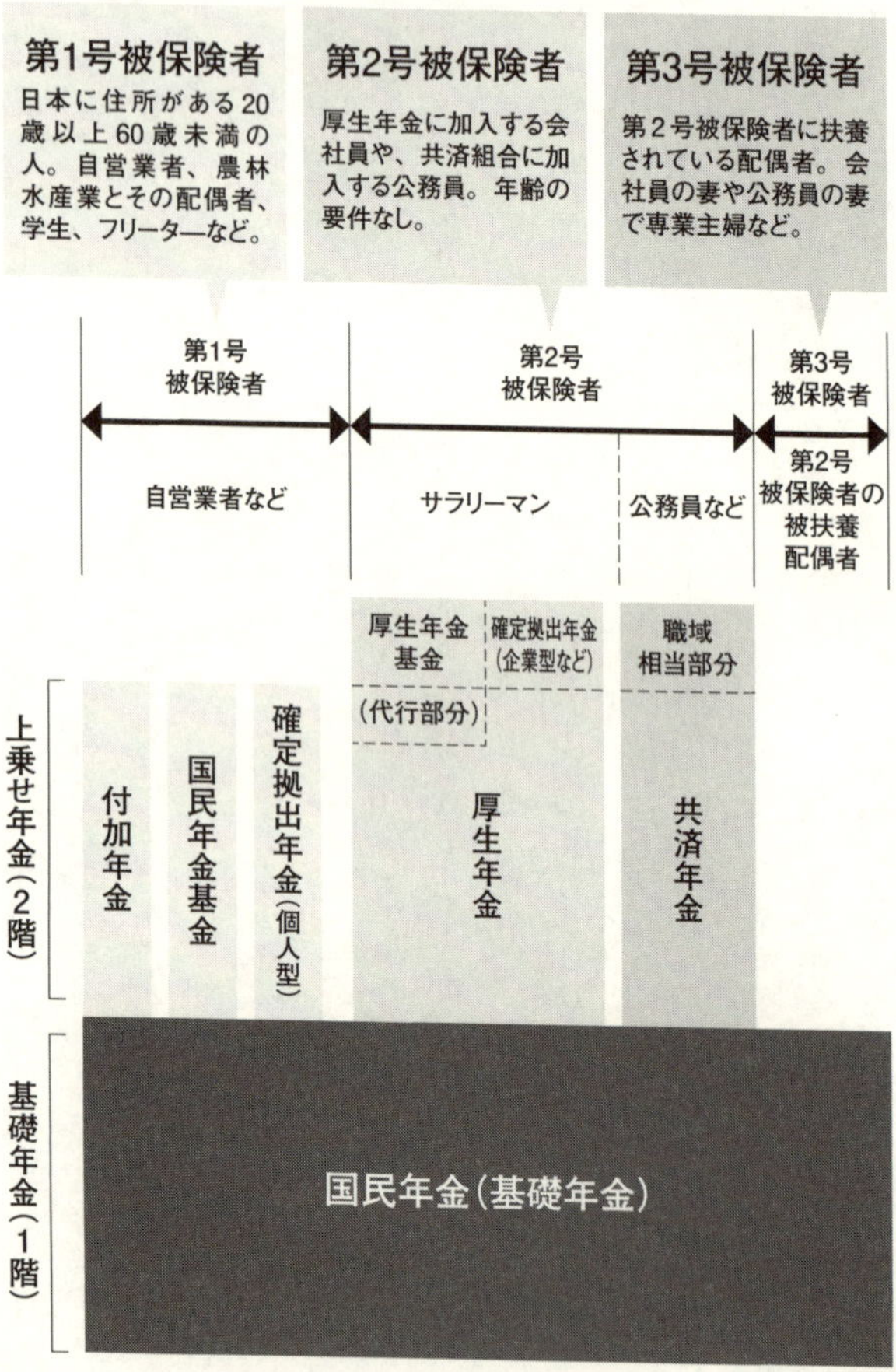

会社に勤めている人がもらう年金

老齢厚生年金 国

もらえるお金

給料や勤めていた期間によって異なる

年金事務所で手続きしないともらえません

「老齢厚生年金」をもらうためには、老齢基礎年金の受給資格期間（25年加入）を満たしていなければなりません。

老齢基礎年金を満たしていて、厚生年金に１年以上加入していれば、65歳前から老齢厚生年金が受け取れます（１９６１年４月１日以前生まれの男性、１９６６年４月１日以前生まれの女性）。

１８７ページの図のように、２００１年４月から支給開始年齢が引き上げられています。２０２５年には男性が、２０３０年には女性が、65歳から老齢厚生年金と老齢基礎年金を受け取ることになり、引き上げが完了します。このように、会社員は生年月日によって、年金をもらえる年齢が異なります。男性で１９６１年４月２日以降、女性で１９６６年４月２日以降生まれの人は65歳からの受給となります。

老齢厚生年金は、「報酬比例部分」ともいい、現役時代の年収によって年金額が決まります。会社が同じでも、勤務期間が同じでも、給料に差があると年金額が変わります。

厚生年金保険料についてご説明しましょう。厚生年金に加入している会社員は、国民年金の第2号被保険者です。保険料は、被保険者それぞれが受け取っている給料（標準報酬月額）と賞与（標準賞与額）によって異なるため、国民年金のように定額ではありません。標準報酬月額と標準賞与額に保険料率（8・56％、2013年9月〜）を掛けた金額が本人負担分の保険料です。会社も同じだけ負担しているので、合計の保険料率は、17・12％。本人負担分を給料と賞与から天引きされます。

7ページで述べたとおり、標準報酬月額や標準賞与額は、実際の給料や賞与とは異なります。厚生年金は保険料や年金などの額を算定するときに、被保険者の毎月の給料や賞与をもとにしますが、給与が毎月同じということはほとんどないでしょう。そこで、事務を効率的に行うために、毎月の給料を30等級に区分して、等級ごとに定めた額を標準報酬月額としています。

この標準報酬月額や標準賞与額に、厚生年金の加入期間の年収の平均をとり、再評価率などを掛けて現在価額にしたものが「平均標準報酬額」。この額は、ねんきん定期便で確認することができます。

年金は受給に必要な資格期間を満たさないと支給されません。自分が保険料を何年間納

年金の支給開始年齢

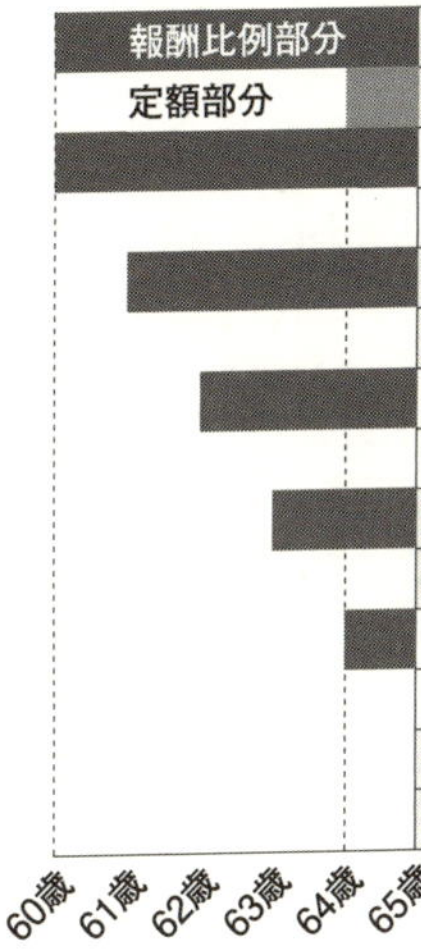

	男子	女子
老齢厚生年金 老齢基礎年金	1947年4月2日～ 1949年4月1日	1952年4月2日～ 1954年4月1日
老齢厚生年金 老齢基礎年金	1949年4月2日～ 1953年4月1日	1954年4月2日～ 1958年4月1日
老齢厚生年金 老齢基礎年金	1953年4月2日～ 1955年4月1日	1958年4月2日～ 1960年4月1日
老齢厚生年金 老齢基礎年金	1955年4月2日～ 1957年4月1日	1960年4月2日～ 1962年4月1日
老齢厚生年金 老齢基礎年金	1957年4月2日～ 1959年4月1日	1962年4月2日～ 1964年4月1日
老齢厚生年金 老齢基礎年金	1959年4月2日～ 1961年4月1日	1964年4月2日～ 1966年4月1日
老齢厚生年金 老齢基礎年金	1961年4月2日 以降	1966年4月2日 以降

めているか確認しておくことが重要です。自分の年金額を調べる方法は3通りあります。

①毎年誕生日に送られてくる「ねんきん定期便」で確認する。②年金事務所に行って照会する。③インターネットの「ねんきんネット」で調べる、です。

年金で不明な点は、ねんきんネットのQ&Aが参考になります。それでも疑問が残るときは、年金事務所で相談するのがよいでしょう。

届け出先／年金事務所

公的年金の金額

❶国民年金（老齢基礎年金）の年金額

老齢基礎年金の年金額は、国民年金の保険料を納めた
期間の長さによって計算されます。
たとえば、国民年金の保険料を納めたとされる期間が40年間あれば、
老齢基礎年金の年金額は年額約77万円です。
なお、厚生年金の加入期間のうち、20歳から60歳になるまでの期間は、
国民年金の保険料も納めた期間として扱われます。

老齢基礎年金

77万2800円（満額）× 国民年金保険料を払った月数 ／ 480カ月（40年）

20歳から60歳まで加入して
約77万円/年

❷厚生年金（老齢厚生年金）の年金額

老齢厚生年金の年金額は、厚生年金加入中の給料の平均額と、
厚生年金の加入期間の長さに応じて計算されます。
これを、報酬比例の年金額といいます。

老齢厚生年金

加入中の平均給与額 × 生年月日ごとの乗率 × 加入月数

給与の平均と
勤続期間によりかわる

保険料が払えなくなったときは免除や猶予の手続きを

保険料の免除措置 国

もらえるお金

全額～4分の1を免除

将来受け取る年金額はいくらか減ることになります

「厚生年金」や「共済年金」の保険料は給与からの天引きになりますが、「国民年金」の保険料は自分で納めます。保険料は毎月納めるのが原則ですが、収入の減少や失業などの事情で保険料を納めることができない状況もあるでしょう。そのようなときは保険料未納のままにせず、市町村に免除や納付の猶予の申請をしましょう。未納のままでいると年金の受給資格期間が足りなくなり、将来、老齢基礎年金がもらえなくなったり、万が一のときに受け取ることができる「障害基礎年金」や「遺族基礎年金」がもらえなくなってしまいます。

「保険料免除」を利用できるのは、「本人・世帯主・配偶者の前年度の所得（1月から6月までに申請した場合は前々年所得）が一定額より低い」、「失業などで保険料の支払いが経済的に困難」な場合などです。免除される額は、「全額免除」「4分の3免除」「2分の1免除」「4分の1免除」の四つに分類されています。免除の承認期間は申請をした年の7月から翌年の6月までです。

「納付猶予」が利用できるのは、20代で、本人、配偶者の前年所得（1月から6月までに申請した場合は前々年所得）が免除の要件を満たしている人。本人が申請書を提出すれば保険料の猶予が決定されます。これを「若年者納付猶予制度」といいます。保険料免除や納付猶予になった期間は、年金の受給資格期間（25年間）に算入されます。

ほかにも20歳以上の学生を対象とした制度に「学生納付特例制度」があります。これは、本人の前年の所得が一定額より低い場合、在学中の納付義務が猶予されます。対象になるのは国内にある専修学校、高等専門学校、短期大学、大学、大学院など。夜間・定時制や通信課程の人も含まれます。

このように一時期、「保険料免除」や「納付猶予」になった場合でも、後から保険料を納めること（追納すること）で、減額されない年金額を受け取ることができます。また、この期間にケガや病気、障害や死亡といった不慮の事態が起こっても、届け出をしていれば「障害基礎年金」や「遺族基礎年金」は全額受け取れます。

届け出先／市区町村、年金事務所

国民年金保険料　申請免除における所得基準の目安

世帯員数	全額免除	4分の3免除	2分の1免除	4分の1免除
4人世帯（夫婦、子2人。子2人とも16歳未満）	162万円（257万円程度）	230万円（354万円程度）	282万円（420万円程度）	335万円（486万円程度）
2人世帯	92万円（157万円程度）	142万円（229万円程度）	195万円（304万円程度）	247万円（376万円程度）
単身世帯	57万円（122万円程度）	93万円（158万円程度）	141万円（227万円程度）	189万円（296万円程度）

※　（　）内は給与所得者の収入ベースです。上記はあくまで目安です

納める国民年金保険料と将来受け取る年金額（2013年度）

世帯員数	全額免除	4分の3免除	2分の1免除	4分の1免除
保険料（月額）	0円	3810円	7630円	1万1440円
老齢基礎年金額	2分の1	8分の5	4分の3	8分の7

60歳以降に働くと年金額が減額になることも

在職老齢年金 国

月給と年金の合計が28万円超で減額

給料が46万円を超えるとさらに減額に

現在、65歳前に受け取れる年金は老齢厚生年金だけで平均は月額10万円前後です。60歳で退職すると年金受給まで、退職金や貯蓄を切り崩して生活しなくてはなりません。2013年4月に高年齢者雇用安定法が施行されて、会社は65歳まで希望する人を全員雇用することが義務付けられました。65歳前に老齢厚生年金をもらいながら、働き続ける場合、給料が一定額を超えると年金が減額、支給停止されることがあります。これを「在職老齢年金」といいます。65歳以降も働きつづけると年金が調整されますが、ここでは、60歳から65歳までの在職老齢年金についてみておきましょう。

毎月の給料と過去1年間の賞与の12分の1（総報酬月額相当額）と年金月額を合計した額が28万円を超えると、超えた額の半分が年金から減額となります。46万円を超えると、さらに減額幅は大きくなるしくみです。厚生年金の被保険者であるので、給料に応じた保険料も天引きされます。しかし、アルバイトや嘱託社員など労働時間が週30時間未満であれば、厚生年金に加入する必要はなく、年金は調整されません。

届け出先／年金事務所

在職老齢年金計算式（65歳未満）の例

（例）老齢厚生年金の年金月額を8万円もらえる人が、厚生年金の適用事業所で働き、15万円の給与（税金・交通費などの経費込み）と年間84万円の賞与（過去1年間の賞与：夏40万円・冬44万円）で計算してみます。

- 標準報酬月額15万円
- 過去1年間の賞与（84万円÷12か月）7万円
- 年金月額8万円
- 在職老齢年金　8万円－（15万円+7万円+8万円－28万円）÷2
  ＝7万円

※この場合、総報酬月額が30万円なので、28万円を超えた2万円の2分の1の1万円が減額されて「在職老齢年金」は7万円になる。総報酬月額が28万円以下なら、年金は全額支給される

60歳から64歳までの場合の在職老齢年金の月額計算式

基本月額と総報酬月額相当額の合計が28万円以下 → 全額支給

総報酬月額相当額が46万円以下
- → 基本月額が28万円以下：基本月額－（総報酬月額相当額+基本月額－28万円）÷2
- → 基本月額が28万円超：基本月額－総報酬月額相当額÷2

総報酬月額相当額が46万円超
- → 基本月額が28万円以下：基本月額－{（46万円+基本月額－28万円）÷2+（総報酬月額相当額－46万円）}
- → 基本月額が28万円超：基本月額－{46万円÷2+（総報酬月額相当額－46万円）}

※基本月額とは　加給年金を除く厚生年金額の12分の1の金額
※総報酬月額相当分とは　その月の給与+その月以前1年間のボーナス総額の12分の1の金額

繰り下げはお勧め、逆に繰り上げは絶対しないこと

年金の繰り下げ 国

もらえるお金
1カ月あたり0.7%増

逆に繰り上げると0・5%ずつ減額に。

老齢基礎年金の受給のしかたについて、よく質問を受けることがあります。内容は、「『年金の繰り上げ』と『繰り下げ』では、どちらがもらえるお金が多くなりますか」というものです。

本来、老齢基礎年金は65歳から支給されますが、本人が希望すれば60歳から64歳までの時期から年金をもらい始めることもできます。これを「繰り上げ受給」といいます。逆に66歳から70歳までの希望する時期から年金をもらい始めることも可能です。これを「繰り下げ受給」といいます。

受給を繰り上げた場合は、繰り上げた月数分だけ減額されます。1カ月あたり0・5%ずつ減額されるので、5年早めて60歳0カ月からもらい始めると、65歳で受け取るよりも30%減額になります。一度繰り上げをすると、受け取り額は一生変わりません。

気をつけなくてはいけないのは、65歳になる前に老齢基礎年金を繰り上げ受給すると、障害者や寡婦（未亡人）になった場合、障害基礎年金や寡婦年金が受け取れなくなること

です。障害基礎年金の受け取れる年金額は、障害等級2級で老齢基礎年金の満額、1級では2級の1・25倍となります。寡婦年金の受け取れる年金額は、60歳から65歳の5年間で夫が受け取れるはずだった老齢基礎年金の支給額の4分の3がもらえます。

高齢になると健康に自信がもてなくて、繰り上げ受給を希望する人も多いようです。しかし、病気や障害が重いときにもらえる、障害基礎年金や寡婦年金についても考えておいたほうがよいかもしれません。

その一方で、年金の「繰り下げ」受給をした場合ですが、1カ月当たり0・7%ずつ増額されるので、年間に8・4%増額されます。トータルでみると66歳まで繰り下げをした場合、77歳を超えて長生きをすれば、受け取る年金の合計額は得になる計算になります。「繰り下げ」は最大で70歳まで遅らせることができます。

年金の「繰り上げ」、「繰り下げ」は、退職後の生活設計や自分自身の健康状態などを考えて慎重に行うべきです。たとえば、夫は65歳から年金を受け取り、余裕があるのなら妻は66歳以降に「繰り下げ」でもらうのもいいでしょう。持ち家があれば、夫の老齢基礎年金と老齢厚生年金だけでやりくりができるかもしれません。

届け出先/年金事務所、市区町村

年金の繰り上げ、繰り下げ

1階部分の受給の繰り上げ・繰り下げはこう増減する
（65歳から77万8500円を受給できる人の場合）

繰り上げた場合

ひと月0.5%減額

年金をもらい始める年齢	減額後の年金額	
60歳	54万5000円	76歳
61歳	59万1700円	77歳
62歳	63万8400円	78歳
63歳	68万5100円	79歳
64歳	73万1800円	80歳

この場合は年間
約4万7000円マイナス

この年までに
亡くなった場合は得

繰り下げた場合

この場合は年間
6万6000円プラス

年金をもらい始める年齢	増額後の年金額	
66歳	84万3900円	77歳
67歳	90万9300円	78歳
68歳	97万4700円	79歳
69歳	104万100円	80歳
70歳	110万5500円	81歳

ひと月0.7%増額

この年以上
長生きすれば得

年下の配偶者（妻）がいる会社員に支給される
加給年金 国

もらえるお金
年額
約39万円

子どもがいるとさらに加算されます

厚生年金に長く加入していると、65歳以降に、扶養手当のようなものが加算される場合があります。これを「加給年金」と言います。加給年金をもらうためにはいくつかの要件があります。まず被保険者（男女の区別はありませんが、多くの場合は夫）の要件として、厚生年金に20年以上加入していることが必要。配偶者（多くの場合は妻）は、①65歳未満で年収が８５０万円未満、②老齢厚生年金（20年以上加入）を受給していないこと、③障害年金を受給していないこと、などです。被保険者と配偶者の生計は同じでなくてはなりません。加給年金の意味合いは被保険者に対する扶養手当なので、配偶者に十分な収入や年金額がある場合は支給されないのです。

加給年金は配偶者が65歳になると支給停止となりますから、加給年金を受け取れるのは配偶者が年下のみに限定され、年上の配偶者は加給年金がもらえないことになります。加給年金額は38万６４００円です。さらに子ども１人なら22万２４００円、２人なら44万４８００円。以降１人増えるごとに７万４１００円が加算されます。**届け出先／年金事務所**

配偶者（妻）が65歳を超えると振替加算が上乗せされる

配偶者の振替加算 国

もらえるお金

年額
14900円
〜91900円

夫が亡くなっても支給は生涯続きます

前項で「加給年金」に触れましたが、被保険者の年金に加算されていた「加給年金」は配偶者が65歳に達すると打ち切られます。その「加給年金」の代わりに、65歳の年金支給開始からは「振替加算」が始まります（左の図参照）。

「振替加算」の額は、配偶者の生年月日によって異なります。配偶者が1966年4月2日以後生まれの場合、「振替加算」はもらえなくなります。前述のように配偶者が年上の場合、「加給年金」は支給されませんが、「振替加算」は支給されます。この場合、被保険者が65歳を迎えて老齢厚生年金・老齢基礎年金の支給が開始されたときから、配偶者に対して「振替加算」が行われることになります。

配偶者が「振替加算」をもらい始めた後に、被保険者が死亡しても支給は生涯続きます。もし、65歳前に離婚をしてしまうと「振替加算」は行われないまま、権利を失うことになります。同時に「加給年金」の権利も失ってしまいます。

届け出先／市区町村、年金事務所

加給年金と振替加算のしくみ

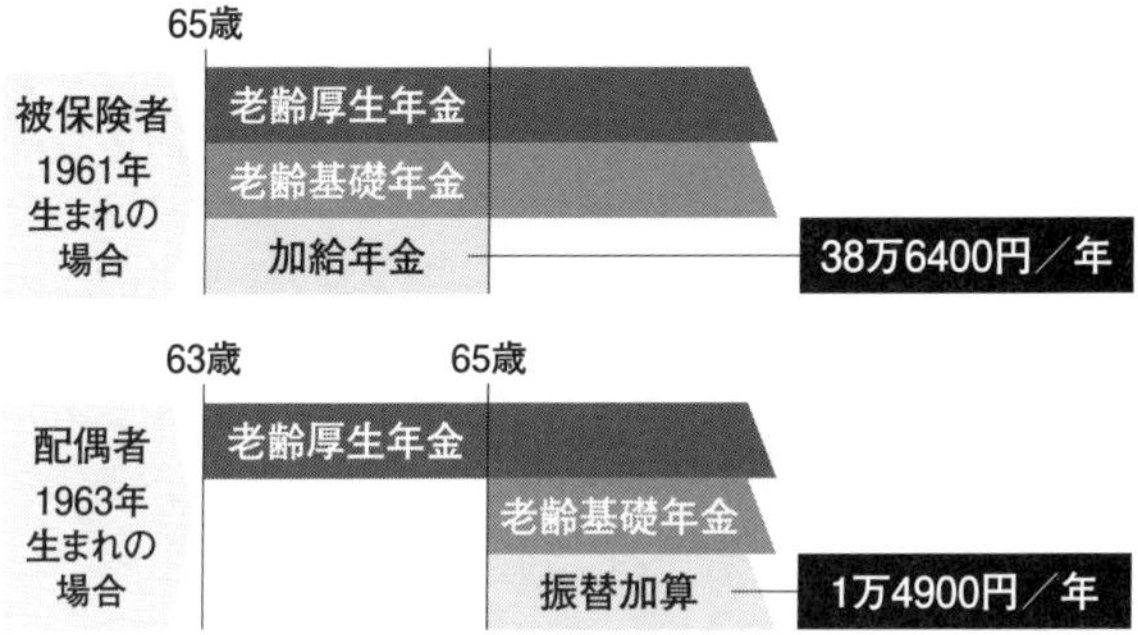

振替加算の額

配偶者の生年月日	振替加算額
1948年4月2日～1949年4月1日	9万1900円
1949年4月2日～1950年4月1日	8万6100円
1950年4月2日～1951年4月1日	8万100円
1951年4月2日～1952年4月1日	7万4100円
1952年4月2日～1953年4月1日	6万8300円
1953年4月2日～1954年4月1日	6万2300円
1954年4月2日～1955年4月1日	5万6300円
1955年4月2日～1956年4月1日	5万500円
1956年4月2日～1957年4月1日	4万4500円
1957年4月2日～1958年4月1日	3万8500円
1958年4月2日～1959年4月1日	3万2700円
1959年4月2日～1960年4月1日	2万6700円
1960年4月2日～1961年4月1日	2万700円
1961年4月2日～1966年4月1日	1万4900円

条件を満たすと預貯金などの利子所得が非課税に

非課税貯蓄制度 国

もらえるお金

700万円まで利息が非課税に

障害者や勤労者が対象の制度があります

ある一定の要件を満たした人に限り、金融商品にかかる利子所得が非課税とされる制度に「非課税貯蓄制度」があります。利子所得にかかる税率が非課税になる制度です。要件を満たしていれば利用したい制度です。

以前は65歳以上の人を対象とした「マル優」「特別マル優」の非課税貯蓄制度がありましたが、２００５年末で廃止になりました。ただし、２００６年以降でも「障害者等の少額貯蓄非課税制度」を利用できる人はこの制度の対象になります。要件としては、国内に住所があり、身体障害者手帳の交付を受けている人、または遺族年金を受けることのできる妻が該当します。

「マル優（少額貯蓄非課税制度）」の対象となる貯蓄商品は、「預貯金」「貸付信託」「金銭信託」「公社債」「公社債投資信託」「株式投資信託」など。元本の合計額が３５０万円までの利息に対して非課税になります。また「特別マル優（少額公債非課税制度）」では、利付国債、公募地方債のみが対象で、額面３５０万円までの利息が非課税になります。二つを合計すると700万円まで利息が非課税になるのです。

全国の民間の銀行や信用金庫でも「非課税」になる定期預金などを発売しています。一例を挙げると、ゆうちょ銀行の「ニュー福祉定期貯金」は、障害基礎年金、遺族基礎年金などを受け取っている人を限定に金利を上乗せしてくれます。預け入れ期間は1年間です。一般の定期貯金の金利に0・25％を上乗せした金利が適用され、利用限度額は300万円です。店頭では年金証書や障害者手帳などの提示が必要です。

勤労者を対象とした非課税貯蓄制度もあります。これは、一般的に「財形」と言われているもので「財形住宅貯蓄」、「財形年金貯蓄」があります。「財形年金貯蓄」は、55歳未満の勤労者が会社（事業主）を通じて、給与天引きで積み立てた元本に生じる利子が非課税になるというもの。これは、積み立て期間が5年以上にわたることが条件で、上限の金額は元本金額550万円と決まっています。

同じ非課税貯蓄制度の「財形住宅貯蓄」に加入している場合は、「財形年金貯蓄」と合わせて元本金額550万円までの利子が非課税になります。また、「財形年金貯蓄」のみの場合でも、元本金額550万円までです。

届け出先／各金融機関、勤務先

65歳からの医療制度は「前期高齢者」と「後期高齢者」の二つ

高齢者医療制度 国

元気だった方も、高齢になれば医療のお世話になることが増えてくるでしょう。65歳以上の人が加入する医療制度を「高齢者医療制度」といいます。2008年4月から制度が変更になり、「前期高齢者」と「後期高齢者」の二つに分けています。

「前期高齢者」は65歳以上75歳未満の人が加入する医療制度。65歳以前に加入していた国民健康保険と健康保険にそのまま加入し、継続するようなかたちです。

「後期高齢者」は、75歳以上の人が加入する医療制度。今まで加入していた保険から脱退し、独立した医療制度に移行するかたちになります。75歳になると住んでいる市区町村から後期高齢者の被保険者証が送付されます。保険料はその人の所得に応じて違ってきます。

原則として保険料は年金から天引きに。病院の窓口負担は、70歳から74歳までは2割負担（1944年4月1日以前生まれの人は1割負担）。75歳以上は1割負担です。ただし、高所得者の場合（課税所得が145万円以上でかつ単身世帯の場合は年収383万円、2人世帯以上の場合は年収520万円以上）の負担割合は3割です。

届け出先／市区町村

もらえるお金

窓口負担は1割〜2割

70歳〜74歳は2割負担に

第7章　「災害にあったとき」もらえるお金

自然災害で家が全壊、大規模半壊した場合に支給

被災者生活再建支援制度 国

もらえるお金

最大300万円

住宅の建設・購入や補修、賃借にも使えます

居住していた住宅が、自然災害によって被害を受けた世帯に都道府県と国から支援金が支給されます。これを「被災者生活再建支援制度」といいます。この制度が利用できるのは、「住宅が自然災害(地震・津波・液状化などの地盤被害)により全壊、大規模半壊した世帯が10世帯以上ある市町村の被災世帯」が対象です。支援金を受けるには市町村から罹災証明書の発行が必要になります。

「被災者生活再建支援制度」の支援金は「基礎支援金」と「加算支援金」の二つの合計額になります。「基礎支援金」とは、住宅の被害程度に応じて支給される支援金です。住宅の被害程度が全壊では100万円、大規模半壊では50万円が支給されます。

「加算支援金」とは、住宅の再建方法に応じて支給されます。住宅の建設や購入では200万円、補修では100万円、賃借(公営住宅を除く)では50万円が支給されます。それぞれ支給された支援金の使途について限定はされていません。

届け出先/市区町村

被災者生活再建支援制度　支援金の支給額

支援金は、以下の二つの支援金の合計額となる。

（※世帯人数が1人の場合は、各該当欄の金額の4分の3の額）

Ⅰ 住宅の被害程度に応じて支給する支援金（基礎支援金）

住宅の被害程度	全壊（下の①に該当）	解体（下の②に該当）	長期避難（下の③に該当）	大規模半壊（下の④に該当）
支給額	100万円	100万円	100万円	50万円

Ⅱ 住宅の再建方法に応じて支給する支援金（加算支援金）

住宅の再建方法	建設・購入	補修	賃借（公営住宅以外）
支給額	200万円	100万円	50万円

※いったん住宅を賃借した後、自ら居住する住宅を建設・購入（または補修）する場合は、合計で200（または100）万円

対象になる被災世帯とは、
①住宅が全壊した世帯、②住宅が半壊または住宅の敷地に被害が生じ住宅を解体した世帯、③災害による危険な状態が継続し住宅に居住不能な状態が長期間継続している世帯、④住宅が半壊して大規模な補修をしないと居住が困難な世帯

災害援護資金の貸付限度額

世帯主の1カ月以上の負傷	150万円	250万円	270万円(350万円)	350万円
家財の3分の1以上の損害	150万円			
住居の半壊	170万円(250万円)			
住居の全壊	250万円(350万円)			
住居の全体が滅失もしくは流失	350万円			

※被災した住居を建て直す際に、その住居の残存部分を取り壊さざるを得ない場合など特別の事情がある場合は、（　）内の額となります。
（注）災害救助法適用基準とは…災害救助法による救助は、災害により市町村の人口に応じた一定数以上の住家の滅失がある場合など（例：人口1000人未満の場合は、住家全壊30世帯以上）に行う

生活を再建するときにお金を貸し付けてくれる制度

災害援護資金 国

もらえるお金

220万円〜を低利で貸し付け

世帯人数が多いと貸付額も多くなります

「災害援護資金」は、都道府県内で「災害救助法（205ページの図の注）」が適用された被災世帯に、再建に必要なお金を貸し付けてくれる制度です。受給できるのは、世帯を支える人が負傷して療養が必要になったときや、住居、家財に被害を受けた人が対象です。貸付限度額は350万円です。

貸付金には所得制限があり、市町村民税における前年の総所得金額が世帯人数が1人の場合は220万円、2人では430万円、3人では620万円、4人では730万円、5人以上では1人増えるごとに730万円に30万円ずつ加算した額になります。ただし、その世帯の住居が滅失した場合は1270万円になります。滅失とは、建物が物理的に倒壊した場合だけではなく、社会経済的にみて建物の価値がなくなった場合も含み、全壊＋半壊の一部（それぞれの状況によって異なる）を指します。

金利は低金利で年率3％。償還期間は10年とし、措置期間（3年、特別の場合は5年）は無利子になります。

届け出先／市区町村

災害にあったとき、確定申告で所得税の控除が受けられる

雑損控除・災害減免法　国

もらえるお金

所得税全額が控除となる場合も

確定申告をする必要があります

自然災害や盗難などの予期せぬ事態に遭遇し、資産を失うことがあります。損害を受けた資産の救済策として、確定申告をすると税制面で有利になります。

このようなとき利用できるのが「雑損控除」または「災害減免法」です。「雑損控除」では、自然災害や盗難、または横領によって資産を損失した場合に、所得控除が受けられます。対象になるのは「生活に通常必要な住宅、家具、衣類」などの損失です。一方の「災害減免法」では、自然災害によって資産を損失した場合に、所得税の軽減免除が受けられます。対象になるのは「住宅や家財の損害金額が時価の２分の１以上であること」です。

災害にあった年の所得額が１０００万円以下の人は「雑損控除」と「災害減免法」のどちらにも申告できますが、１０００万円超の人は「雑損控除」しか利用できません。どちらで申告するか迷うときは控除額を算出し、税金面で有利になるほうを選ぶといいでしょう。ただし「雑損控除」は損害額の繰り越しができます。

届け出先／自分の住所地を所轄する税務署

災害の損失についての確定申告の控除額

	雑損控除	災害減免法
損失の発生原因	災害、盗難、横領による損失	災害による損失に限る
対象となる資産の範囲	生活に通常必要な資産に限る	住宅または家財。ただし、損害額が住宅または家財の2分の1以上であること
控除額の計算または所得税の軽減または免除額	次のいずれか多いほうが控除額 ●（損害金額ー保険金等により補填される金額）ー所得金額の10分の1 ●（損害金額ー保険金等により補てんされる金額）のうち災害関連支出の金額ー5万円	●その年の所得金額500万円以下→所得税全額免除 ●その年の所得金額500万円超750万円以下→所得税の2分の1の軽減 ●その年の所得金額750万円超1000万円以下→所得税の4分の1の軽減
参考事項	損失額が大きく、その年の所得金額から控除しきれない金額は、翌年以後3年間に繰り越して各年の所得金額から控除できる	原則として損害を受けた年分の所得金額が1000万円以下の人に限る

自然災害や火災被害を受けた被災者への見舞金

災害見舞金 自

もらえるお金

2万円〜5万円

自然災害だけではなく火災の被害にも支給

2013年9月、埼玉県や千葉県で家が倒壊する竜巻被害がありました。このような自然災害で家が倒壊し、被災した世帯には市町村から「災害見舞金」が支給されます。被災者は自治体に申請書を提出し、各自治体の定めている要件に該当することが条件です。

茨城県では県独自の「茨城県災害見舞金制度」を設定。これは、県内で発生した自然災害や火災により被害を受けた人に見舞金が支給されるもの。一例を挙げると、1市町村において、5世帯以上の家が全壊、半壊するような災害に対して見舞金が支払われます。見舞金は、住家の全壊に1世帯あたり5万円、半壊は1世帯あたり3万円です。

千葉県船橋市の場合は、異常な自然現象または火災、もしくは爆発などが原因の災害に見舞金が支給されます。見舞金額は、住家の全焼、全壊、流出は単身世帯で3万円、一般世帯で5万円。住家の半焼、半壊、半流出は単身世帯で2万円、一般世帯で3万円です。

このほかに、企業が被災した従業員に「災害見舞金」を支給する場合もあります。

届け出先／市区町村

自然災害で亡くなった人の遺族に支給される

災害弔慰金 自

もらえるお金
最大
500万円

大規模な災害が対象となります

まだ記憶に新しい自然災害に2011年3月に起きた「東日本大震災」があります。地震や津波で多くの方が犠牲になりました。

このとき、自然災害で亡くなった方の遺族に支給されたのが「災害弔慰金」です。住んでいた市町村から認定を受けると支給されます。

この災害弔慰金や、次の項で述べる災害障害見舞金に該当する自然災害は、以下の条件を満たすような比較的大きな災害の場合です。

①1市町村において住居が5世帯以上滅失した災害
②都道府県内において住居が5世帯以上滅失した市町村が3以上ある場合の災害
③都道府県内において災害救助法が適用された市町村が1以上ある場合の災害
④災害救助法が適用された市町村をその区域内に含む都道府県が2以上ある場合の災害

支給される遺族は「配偶者・子・父母・孫・祖父母」などが対象です。支給額は、生計維持者の死亡は500万円、家族の死亡は250万円になっています。

たとえば岩手県では、市町村の条例に基づき、災害により死亡または行方不明になった遺族（配偶者、子、父母、孫、祖父母及び兄弟姉妹）に、弔慰金が支給されました。

震災などの直接起因とは別に、震災後に避難所生活を送ったりしたために環境の変化で体調を崩し、死亡した人も大勢いました。このような場合は、「災害関連死」と判定されます。「災害関連死」の認定を受けた場合にも「災害弔慰金」が支給されています。

届け出先／市区町村

自然災害が原因で障害が残った場合に支給される

災害障害見舞金 自

もらえるお金
最大
250万円
大規模な災害が対象となります

自然災害にあったことが原因で病気やけがをして、その後も後遺症として障害が残ったときに支給されるのが「災害障害見舞金」です。

この「災害障害見舞金」は「災害弔慰金」と同じように住んでいる市町村から支給されます。支給されるのは重度の障害が残った人（両眼失明・要常時介護・両上肢ひじ関節以上切断など）です。

支給額は、生計を維持している人に２５０万円、その他の人は１２５万円がそれぞれ支給されます。

宮城県石巻市では、東日本大震災により負傷または疾病にかかり、治っても精神や身体に障害が残った人に「災害障害見舞金」が支給されました。条件としては、石巻市に住居があり、市が指定した障害の認定基準に該当した人です。自然災害との因果関係の有無や、障害の状況を支給審査委員会が判定してから支給が決定します。

届け出先／市区町村

第8章　「亡くなったとき」にもらえるお金

健康保険の加入者や家族が亡くなったときに支給される

埋葬料・家族埋葬料 国

もらえるお金

5万円〜

請求は2年以内

人の死は悲しいことですが、それでも残された家族はさまざまな手続きをしなくてはいけません。被保険者や被扶養者が亡くなったとき、それまで加入していた健康保険に健康保険証を返却し、埋葬料支給の手続きをします。手続きをすると葬儀を行った人に対してお金が支給されます。被保険者が死亡して、葬儀を行った家族に支給されるお金を「埋葬料」といいます。親戚や知人など、実際に葬儀を行った人に支給されるお金は「埋葬費」。被扶養者が亡くなったときは、被保険者に「家族埋葬料」が支給されます。「国民健康保険」では扶養の有無にかかわらず「葬祭費」が支給されます。

金額は、「埋葬料」「家族埋葬料」は一律5万円。「埋葬費」は葬儀代、火葬代など実際にかかった費用で5万円の範囲内となっています。加入している組合によって「埋葬料」とは別に、「埋葬付加金」が給付されることもあります。「葬祭費」は自治体によって異なりますが、1万〜7万円と開きがあります。請求はいずれも2年以内に行わなくてはいけません。**届け出先／市区町村（国保の場合）、健康保険組合、協会けんぽの都道府県支部**

子どもがいる遺族に給付される年金

遺族基礎年金 国

もらえるお金

年額
約77万円

子どもがいると加算されます

一家の生計を支えていた人が亡くなると、家族の生活は苦しくなります。そんなとき役立つのが、公的年金の加入者で要件を満たしている人の遺族に支給される「遺族年金」です。「遺族年金」には、「遺族基礎年金」「遺族厚生年金」「寡婦年金」などがあります。亡くなった人が加入していた年金制度や死亡時の年齢、子どもの有無などによって、支給される年金は異なります。

はじめに「遺族基礎年金」からみていきます。「遺族基礎年金」は「国民年金」の被保険者、または老齢基礎年金の受給資格期間を満たした人が亡くなったときに遺族に支給される年金です。受給できるのは、死亡した人によって生計を維持されていた「子のある妻・子」です。「遺族基礎年金」は子の養育費の意味もあるので、子が18歳になるまで受け取れるようになっています。支給される年金額は、老齢基礎年金の定額77万2800円＋子の加算。子の加算は第1子と第2子はそれぞれ22万2400円、第3子以降は1人につき7万4100円です。

届け出先／市区町村、年金事務所

遺族基礎年金の支給要件

加入者の要件

国民年金の被保険者または
老齢基礎年金をもらえる資格がある人

※保険料納付済期間（保険料免除期間を含む）が加入期間の3分の2以上あること。
※ 2026年3月末までは、亡くなった人が65歳未満であれば、亡くなった月の前々月までの1年間、保険料の滞納がなければ給付される。

受給者の要件と順位

死亡した人に生計を維持されていた

❶ 子のある妻
（2014年4月からは
子のある夫も対象）

❷ 子

※子は18歳になる年の年度末まで。
または20歳未満で障害年金の障害等級1級または2級であること。

遺族基礎年金の給付例

亡くなった人	国民年金の被保険者
遺族	妻、18歳未満の子ども2人
年金額	77万2800円＋22万2400円×2＝121万7600円

会社員の遺族に給付される年金

遺族厚生年金 国

会社員が加入しているのは、厚生年金と国民年金（第２号被保険者）です。もし、会社員が亡くなった場合は、厚生年金から遺族厚生年金、国民年金から遺族基礎年金が支給されます。遺族基礎年金が支給されるのは、子と子のいる妻が残された場合です。一方、遺族厚生年金は、亡くなった人に生計を維持されていたことを条件に、子のいる妻はもちろん、子のいない妻も支給され、夫、父母、孫、祖父母なども対象です。遺族厚生年金には優先順位があるので、次のページの図をご参照ください。

年金額は、被保険者の報酬と勤続年数によって決まります。入社して間もないなど、会社員の期間が25年（３００月）に満たない場合でも、25年勤めたこととして計算されます（短期要件といいます。25年の保障があることで、年金額が少なくならないようにしてあります）。また、25年以上勤めた人などは、実際の勤続年数で計算します（長期要件）。

届け出先／年金事務所

もらえるお金

老齢厚生年金の4分の3

夫や父母、孫、祖父母も受け取れます

遺族厚生年金の支給要件

加入者の要件

❶ 厚生年金の被保険者

❷ 被保険者期間中の傷病がもとで初診の日から5年以内に死亡した場合

❸ 老齢厚生年金の資格期間を満たした人

❹ 1級･2級の障害厚生年金を受けられる人

※保険料納付要件は、遺族基礎年金と同じ。
※①、②、④は「短期要件」、③は「長期要件」といい、年金額の計算方法が異なる。

受給者の要件と順位

死亡した人に生計を維持されていた

❶ 配偶者または子

❷ 父母

❸ 孫

❹ 祖父母

※ 30歳未満の子のない妻へは5年間の有期給付。
※子、孫の要件は遺族基礎年金の子の要件と同じ。
※夫、父母、祖父母は被保険者が亡くなったとき55歳以上であること。給付は60歳から。

子どもがいない40歳以上の妻が残されたとき加算

中高齢寡婦加算 国

もらえるお金

年額
約58万円

遺族基礎年金のあと65歳まで支給されます

「遺族厚生年金」には、子どもがいない40歳以上の妻に年金が加算される「中高齢寡婦加算」という制度があります。残された妻には心強い制度の一つです。中高齢寡婦加算額は、57万9700円で、妻の年齢が40歳以上65歳未満が条件です。

夫が死亡すると「遺族年金」として、要件を満たしていれば「遺族基礎年金」と「遺族厚生年金」の両方が支給されます。しかし、ここで気をつけたいのは「遺族基礎年金」は子がいないと支給されないということです。また子がいても18歳以上の年齢になっている子の妻（障害がある子は20歳）には「遺族基礎年金」は支給さません。そこで支給されるのが「中高齢寡婦加算」です。

受給の要件は、①夫の死亡時、妻の年齢が40歳以上65歳未満で子のいない妻、②子の年齢が18歳以上で遺族基礎年金を受給できない40歳以上の妻、以上を満たしていれば「中高齢寡婦加算」が加算されます。

届け出先／年金事務所

遺族年金の給付額のモデルケース

子のある妻が受け取る場合

遺族厚生年金
（夫の老齢厚生年金の75%）
＋
遺族基礎年金
（77万2800円+子の加算）

子が受け取る場合

遺族厚生年金
（父の老齢厚生年金の75%）
＋
遺族基礎年金
（77万2800円
+2人目以降の子の加算）

子のない40歳以上の妻が受け取る場合

遺族厚生年金
（夫の老齢厚生年金の75%）
＋
中高齢寡婦加算
（57万9700円）

その他の人が受け取る場合

遺族厚生年金
（死亡者の老齢厚生年金の75%）

第1号被保険者の妻に60歳から64歳まで給付される

寡婦年金 国

もらえるお金

基礎年金の4分の3

老齢基礎年金を受給するまでのつなぎの年金

自営業者などの第1号被保険者の夫を亡くした妻に支給されるのが「寡婦年金」です。夫が、何の年金も受け取らずに亡くなると、年金保険料が掛け捨てになってしまいます。そのようなことがないように、残された妻への年金です。

「寡婦年金」を受給できるのは、60歳から65歳になる誕生月までです。「老齢基礎年金」を受給するまでのつなぎの年金と考えていいでしょう。支給される年金額は、夫がもらえる予定だった第1号被保険者期間だけで計算した老齢基礎年金の4分の3です。ただし、夫の死亡時に妻が60歳未満であれば、60歳になるまで支給はされません。

受給の要件は、①亡くなった夫が国民年金に25年以上保険料を納めている（保険料免除期間を含む）、②夫と10年以上婚姻関係にあり（事実上の婚姻関係含む）生計を維持されていたことが条件です。ただし、夫が生前に「障害基礎年金」や「老齢基礎年金」を受給していたり、妻の年齢が65歳未満で自分の老齢基礎年金を「繰り上げ受給」をしていると「寡婦年金」は受け取れません。

届け出先／市区町村、年金事務所

遺族基礎年金をもらえない人に支給される一時金

死亡一時金 国

国民年金の第1号被保険者（自営業を営んでいたなど）として保険料を納めた期間が3年（36カ月）以上ある人が、老齢基礎年金、障害基礎年金のいずれも受け取らずに亡くなったときに、遺族に死亡一時金が支給されます。

受け取る遺族は、亡くなった人と生計を同じにしていた人で優先順位があります。配偶者・子・父母・孫・祖父母・兄弟姉妹の順です。遺族基礎年金を受けられる人がいるときは、支給されません。

第1号被保険者である夫が死亡した場合、妻は、「寡婦年金」と「死亡一時金」を受け取る権利が発生します。両方はもらえず、どちらか有利なほうを選びます。寡婦年金は妻が60歳から65歳までの5年間受け取りますので、60歳前に夫が亡くなった場合は寡婦年金、65歳近くでは死亡一時金のほうが受け取る金額が多いかもしれません。市町村に相談するのがいいでしょう。金額は表の通りです。

届け出先／市区町村、年金事務所

もらえるお金

最大 32万円

寡婦年金と比べて多いほうを受け取ることもできます

死亡一時金の金額

保険料納付期間	金額
36カ月以上180カ月未満	12万円
180カ月以上240カ月未満	14万5000円
240カ月以上300カ月未満	17万円
300カ月以上360カ月未満	22万円
360カ月以上420カ月未満	27万円
420カ月以上	32万円

仕事中などに亡くなった人の遺族のための年金

遺族補償年金 国

もらえるお金
最大で賃金の245日分

1000日分まで前払いを受けることも可能です

「労災保険」に加入していた人が、勤務上や通勤途上などに亡くなった場合に受けとるのが「遺族補償給付」です。

「遺族補償給付」には、労働者が業務上の事由により死亡したときに支給される「遺族補償年金」と、「遺族補償一時金」の2種類があります。どちらが給付されるかは、遺族によって異なります。たとえば、年金が支給される遺族は、亡くなった人の収入によって生活していた配偶者、子、父母、孫、祖父母、兄弟姉妹で、妻以外は年齢の条件があります。遺族補償年金をもらえる条件に該当する人が1人もいない場合は、遺族補償一時金が支払われます。

このように、遺族基礎年金や遺族厚生年金とはちがって、遺族補償年金は一家の生計の担い手が亡くなることによって、その家族がどのくらい困窮するのかを反映しているのが特徴です。

遺族補償一時金の金額は、給付基礎日額、算定基礎日額のそれぞれ1000日分と、特別支給金３００万円を合計した額です。

　優先順位の高い人が死亡や再婚をして受給権を失うと、次の順位の人に受給権が移ります。これを「転給」といいます。「遺族厚生年金」は「転給」できないので、「遺族補償年金」は遺族に手厚い年金といえます。

「遺族補償年金」の額は、生計を維持していた遺族の数に応じて決まります。毎年、２月、4月、6月、8月、10月、12月の6回に分けて支払われます。金額は給付基礎日額の１５３日分から２４５日分となっています（次のページの図参照）。さらに、ボーナスなど特別給与をもとに算定する「遺族特別年金」も支給されます。金額は算定基礎日額（原則として災害発生前1年分のボーナス等を３６５で割った金額）の１５３日分から２４５日分です（図参照）。

　一家の働き手が亡くなると、一時的に出費が多くなることがあります。そんなときは、「遺族補償年金」の前払いを1回だけ受けられる、遺族補償年金「前払一時金」の制度が利用できます。金額は、給付基礎日額の２００日分、４００日分、６００日分、８００日分、１０００日分から選択します。「前払一時金」を受けると、一時金の額に達するまで年金は支給停止となります。

届け出先／労働基準監督署

遺族（補償）年金の受給権者と順位

❶ 妻、または60歳以上か一定障害の夫
❷ 18歳に達する日以後の最初の3月31日までの間にある子または一定障害の子
❸ 60歳以上または一定障害の父母
❹ 18歳に達する日以後の最初の3月31日までの間にある孫または一定障害の孫
❺ 60歳以上または一定障害の祖父母
❻ 18歳に達する日以後の最初の3月31日までの間にある兄弟姉妹、または60歳以上か一定障害の兄弟姉妹
❼ 55歳以上60歳未満の夫
❽ 55歳以上60歳未満の父母
❾ 55歳以上60歳未満の祖父母
❿ 55歳以上60歳未満の兄弟柿妹

※一定障害とは、障害等級5級以上の身体障害
※ 55 歳以上 60 歳未満の夫、父母、祖父母、兄弟姉妹は、60 歳になるまで支給停止（若年停止）

遺族（補償）年金の額

遺族の数	遺族（補償）年金の年金額	遺族特別年金の年金額
1人	給付基礎日額の153日分 55歳以上の妻または一定の障害の状態にある妻の場合は給付基礎日額の175日分	算定基礎日額の153日分 55歳以上または一定の障害の状態にある妻の場合は算定基礎日額の175日分
2人	給付基礎日額の201日分	算定基礎日額の201日分
3人	給付基礎日額の223日分	算定基礎日額の223日分
4人以上	給付基礎日額の245日分	算定基礎日額の245日分

※給付基礎日額、算定基礎日額は 143 ページの図参照

遺族補償年金給付例

遺族の数	妻と子ども2人（遺族数3人）
遺族補償年金	給付基礎日額223日分
遺族特別支給金	300万円（一時金）
遺族特別年金	算定基礎日額223日分

↓ それぞれ計算すると

給付基礎日額

給料（月額）40万×3カ月÷91日（3カ月間の総暦日数）＝1万3187円

遺族補償年金

1万3187円×223日分＝294万701円

294万701円×0.8＝235万2560円

（遺族基礎年金と遺族厚生年金が支給されるので、
遺族補償年金は減額調整される）

算定基礎日額

73万円（算定基礎年額）とすると、73万円÷365日＝2000円

遺族特別年金

2000円×223日＝44万6000円

↓ 合算すると

合計279万8560円（月額約23万円）
初年度は特別支給金300万、他に遺族基礎年金、遺族厚生年金あり

死亡した人の遺族に給付される失業給付

未支給失業等給付 国

もらえるお金
失業給付分の金額

申請は亡くなってから1カ月以内

失業中に「失業給付」をもらっていた人が亡くなったとき、遺族は本人がもらうはずだった「失業給付」（死亡日の前日までの基本手当）を受け取ることができます。これを「未支給失業等給付」といいます。

受給できる優先順は、亡くなった人と生計を同じくしていた配偶者、子、父母、孫、祖父母、兄弟姉妹のなかの1人だけです。本来、「失業給付」を受給するには、受給資格者本人が失業保険の認定日にハローワークに行き、求職活動を行っている認定をもらう必要があります。前回の認定日から亡くなる前日まで失業していたときは、受給権のある遺族が代わりに認定を受け受給します。

なお、教育訓練給付、高年齢雇用継続給付、育児休業給付なども同様です。ただし、請求期限は死亡日の翌日から1カ月以内と短く、死亡を知らなかったとしても、死亡日の翌日から6カ月を経過すると請求できなくなります。

届け出先／ハローワーク（公共職業安定所）

年金受給者が亡くなったとき未支給分の年金を請求できる

未支給年金給付 国

もらえるお金

最大で年金2カ月分

亡くなった人と生計を同じくする人が請求できます

年金を受給していた人が亡くなったときは、「年金受給権者死亡届（報告書）」を、年金事務所などに提出しなければなりません。

たとえば、年金の4、5月分は6月15日に支給されるようになっています。2カ月分ずつ後払いで偶数月に支給されます。年金は死亡した月まで受給できるので、亡くなった月によって1カ月分または2カ月分の未支給の年金が発生します。この未支給年金を遺族が受け取ります。

未支給年金を受け取れるのは、優先順に、亡くなった人と生計を同じくしていた配偶者、子、父母、孫、祖父母、兄弟姉妹です。2014年4月からは3親等以内の親族（おい、めい、子の妻など）も受け取れます。年齢や障害の有無などの条件はありません。

亡くなった人と世帯が異なっても、生計が同じであれば請求できます。同じ順位の人が複数いるときは、1人が代表して請求します。

届け出先／年金事務所

第9章　他にもまだあるもらえるお金

年間100万円までの金融商品の売却益や配当が非課税に

少額投資非課税制度（N《ニ》I《ー》S《サ》A）

国

もらえるお金

株などの配当や売却益が非課税に

最長5年間で、計500万円が非課税の対象

2013年12月末で株式や投資信託などの売却益の軽減税率10％が廃止されました。14年1月からは税率が20％に戻りました。それに合わせて導入されるのが「少額投資非課税制度」。この制度のことを「N《ニ》I《ー》S《サ》A」といいます。この制度を利用して、年間100万円を上限とした上場株式や公募株式投資信託などの売買をすると、取引で発生した売却益や配当金（分配金）が非課税になります。

「NISA」は専用口座を開設しなくては利用できません。20歳以上の人なら誰でも口座開設ができます。口座開設は1人につき1口座で、一つの金融機関でしか開設ができないのです。口座は、銀行、信託銀行、証券会社、一部の生命保険会社などの金融機関で開設できます。しかし、同時にいくつもの金融機関に口座を開設することはできません。

口座開設の注意点として、金融機関によって扱う金融商品が異なります。たとえば、「投資信託」の場合、銀行、証券会社、一部の生命保険会社などで購入することができます。その一方で、「株式投資」を扱っているのは証券会社だけです。また、NISAでは、

預金や国債、社債は対象とはなりません。

　非課税になるのはNISA口座で購入した新規の金融資産のみ。今までの「特定口座」や「一般口座」に保有していた株式や株式投資信託などは、そのままNISA口座に移行したり、損益を合算したりすることはできません。NISA口座の保有商品が値上がりすれば、利益が発生して非課税のメリットが受けられますが、損失がでれば非課税のメリットは受けられません。

　2014年12月時点では、NISA口座を開設できる期間は2014～2023年の10年間です。非課税になる期間は、口座開設をして投資を始めた年を含め、最長5年間です。5年目の非課税が終了する時点で、NISA口座に残っている金融商品は100万円を上限として翌年の非課税枠に繰り越すことができます。ただし、100万円を超えた資産については、繰り越すことができないため「売却」をするか、「特定口座」や「一般口座」に移行する必要があります。

　口座を開いていた金融機関を変えるときも、前年の繰り越しができなくなってしまうので注意しましょう。2015年度には制度の拡充と見直しが予定されています。

届け出先／各金融機関

NISAのしくみ

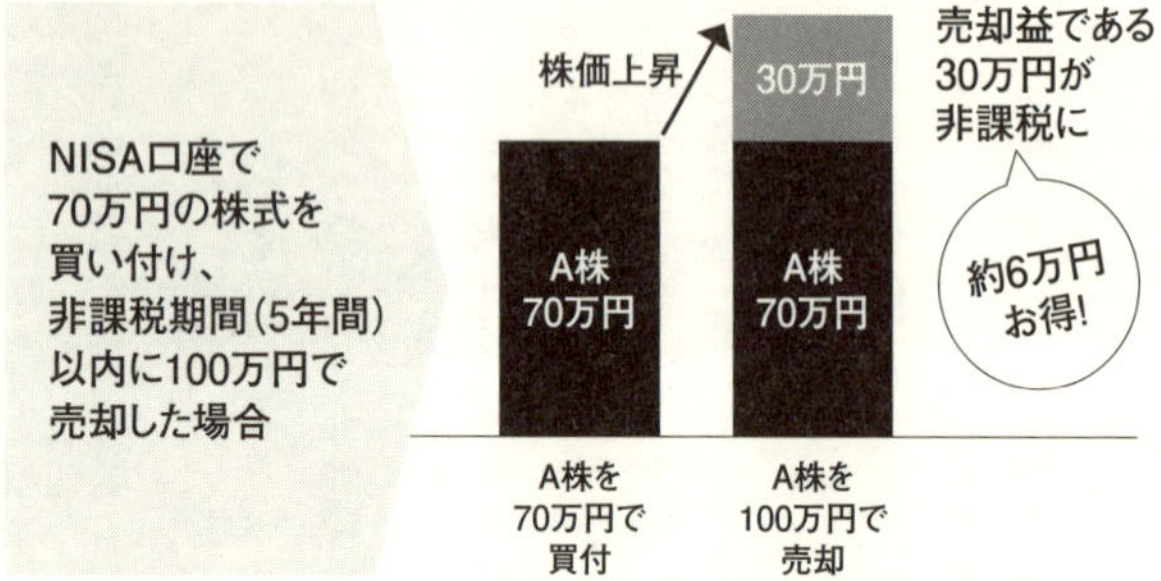
NISA口座で
70万円の株式を
買い付け、
非課税期間(5年間)
以内に100万円で
売却した場合
株価上昇
30万円
A株
70万円
A株
70万円
売却益である
30万円が
非課税に
約6万円
お得!
A株を
70万円で
買付
A株を
100万円で
売却

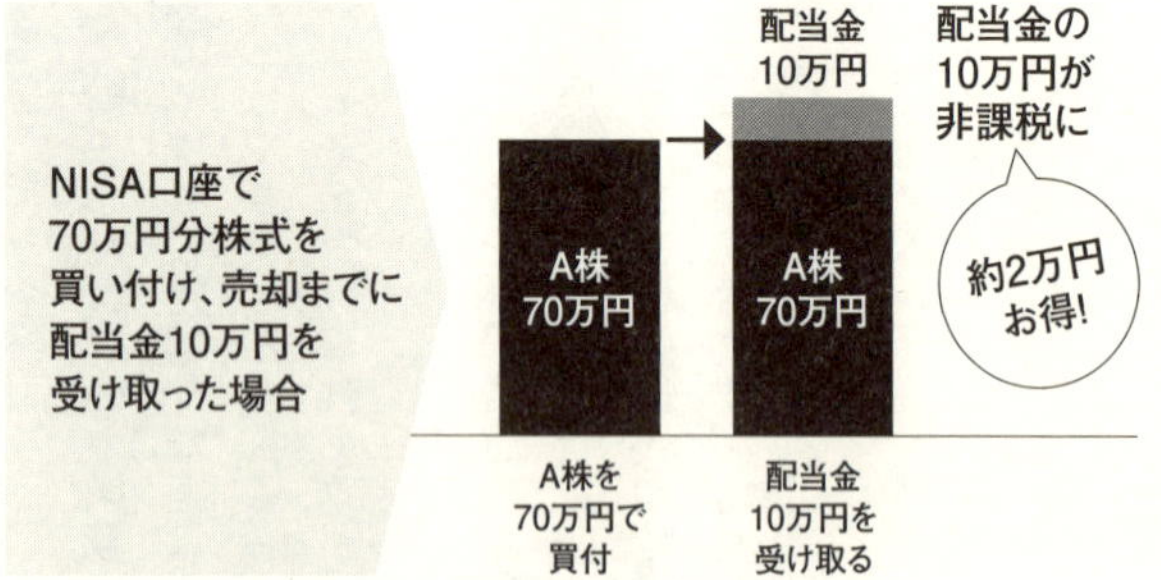
NISA口座で
70万円分株式を
買い付け、売却までに
配当金10万円を
受け取った場合
配当金
10万円
A株
70万円
A株
70万円
配当金の
10万円が
非課税に
約2万円
お得!
A株を
70万円で
買付
配当金
10万円を
受け取る

※上記は株式数比例分配方式を利用して配当金を受け取った場合

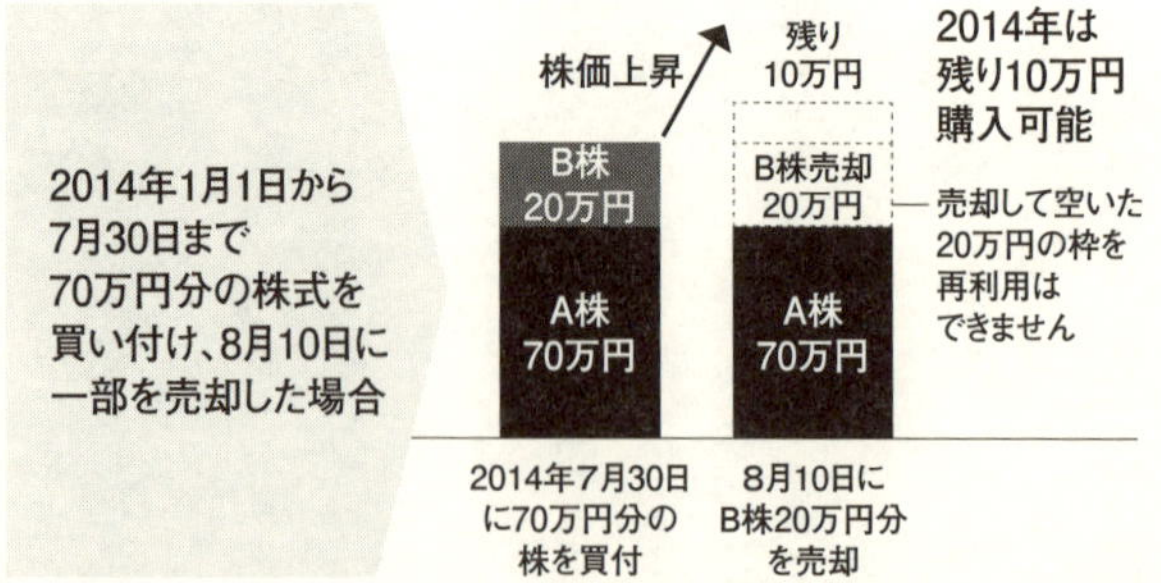
2014年1月1日から
7月30日まで
70万円分の株式を
買い付け、8月10日に
一部を売却した場合
株価上昇
B株
20万円
A株
70万円
残り
10万円
B株売却
20万円
A株
70万円
2014年は
残り10万円
購入可能
売却して空いた
20万円の枠を
再利用は
できません
2014年7月30日
に70万円分の
株を買付
8月10日に
B株20万円分
を売却

個人で年金を運用すると所得税控除が受けられる

確定拠出年金のマッチング拠出 国

もらえるお金

月約5万円まで非課税

勤務先に制度があれば利用できます

第６章でもお話ししましたが、年金は「世代間扶養」の仕組みなので、自分の納めた保険料が、そのまま自分の年金として返ってくるわけではありません。今後65歳以上の人口は増え続け、２０１２年には65歳以上の１人の年金を、20歳から64歳の現役世代約２・４人で支え、２０５０年には１・２人で１人を支えると推測されています。

将来、自分がもらえる年金額に不安を感じて、少しでも増やしたいと考える人が増えています。そこで注目されているのが、「企業型確定拠出年金」に上乗せして、社員が掛金を出す「マッチング拠出」です。近年、導入する企業が急増しています。「マッチング拠出」について説明する前に、まず「確定拠出年金」から説明していきます。

「確定拠出年金」は２００１年にスタートした年金制度です。「日本版４０１ｋ」とも呼ばれています。企業年金として導入されることが多く、その場合「企業型確定拠出年金」といわれています。企業側が毎月一定の掛金を社員の口座に振り込み、それを社員が自分の判断で運用していくという制度です。

それ以前の企業年金はすべて確定給付型の年金でした。企業が年金額を確定していくもので、運用で損失を出した場合、企業が責任を負い補塡を行います。その一方、「確定拠出年金」は、証券会社、銀行などの運営管理機関を通じ、会社と契約した金融商品の中から、個人が自分の判断で選択します。そのため年金額は運用成績に応じて変わり、損失を出してしまうと、将来の年金額の受け取りは減ってしまいます。

「マッチング拠出」というのは、「企業型確定拠出年金」として企業側が出す掛金に上乗せして、社員本人も掛金を出せるというしくみです。さまざまな優遇措置があり、効率的に年金額を増やすことができます。まず税制面での優遇として、「マッチング拠出」の掛金は、所得控除の対象です。また、運用益は非課税になります。受け取り開始は、60歳〜70歳の間で、年金か一時金のどちらかを選択できます。年金で受け取る場合は「公的年金等控除」、一時金として受け取るときは「退職所得控除」が適用されるのもメリットです。社員が拠出する掛金の金額は自分で決められますが、無制限に積み立てができるのではなく、上限があります。月額5万1000円。ほかの企業年金を併用している場合は月額2万5500円です。税制面で優遇されるので、会社にこの制度がある場合、加入を考えてみてもいいでしょう。

届け出先／勤務先の確定拠出年金担当部署

確定拠出年金のマッチング拠出のしくみ

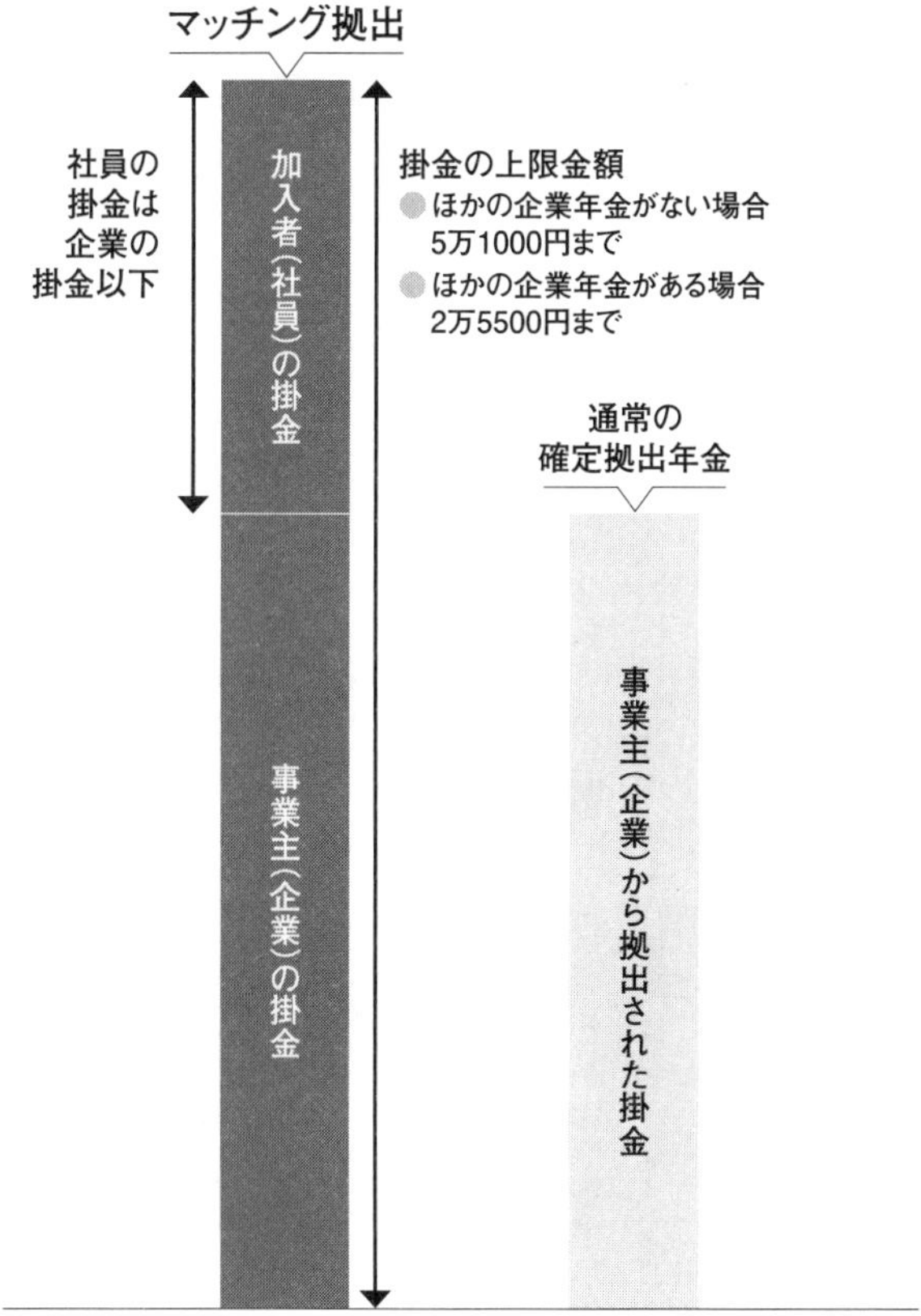

寄付をすると所得税や住民税の控除が受けられる

ふるさと納税 国

もらえるお金

所得税・住民税が控除適用

2000円を超える部分が控除の対象

自分の住んでいる街や故郷などの自治体に寄付をすると税金面で控除が受けられます。これが「ふるさと納税」です。制度名をみると税金を納めるのかと、間違える人もいるかもしれません。この制度では、個人が一定限度額まで寄付を行うと、2000円を超える部分について所得税・住民税から寄付金控除の適用が受けられます。寄付は複数の自治体にすることができます。寄付の使い道は自治体のホームページなどに提示されているので、その中から選ぶといいでしょう。「ふるさと納税」の控除を受ける場合、個人で確定申告をすることが必要です。たとえば、2014年度に寄付をした場合、確定申告をすると所得税は14年度分から控除になり、住民税は15年度分から控除になります。たとえば、税金の額によっては4万円寄付をすると、3万8000円の税金が控除されることもあります。

税金面だけではなく、寄付を行った自治体から寄付の金額に応じて特産品が送られてくることがあるのも魅力です。つまり、2000円の負担で、ふるさとに貢献でき特産品をもらったりできるわけです。

届け出先／市区町村

著者略歴

井戸 美枝（いど・みえ）
神戸市生まれ。ファイナンシャルプランナー（CFP®認定者）、社会保険労務士。2013年10月からは厚生労働省 社会保障審議会 企業年金部会委員も務める。講演や雑誌、書籍、テレビ・ラジオ出演などを通じて、生活に身近な経済問題をはじめ、年金・社会保障問題などについてわかりやすいアドバイスを広く伝え、好評を博している。経済エッセイストとして活動し、「人生の神髄はシンプルライフにある」と信じる。著書に『介護保険の改正早わかりガイド』(日本実業出版社)、『世界一やさしい年金の本』(東洋経済新報社)、『現役女子のおカネ計画 「いきいき余生」と「ビンボー老後」』(時事通信社)、『熟年離婚している場合か！』(角川SSC新書)など多数。
http://www.mie-ido.com/

編集協力／松澤ゆかり　図版作成／國分 陽

角川 SSC 新書 206

知らないと損をする
国からもらえるお金の本

2014年1月25日　第1刷発行
2015年1月25日　第4刷発行

著者　井戸美枝
発行者　馬庭教二
発行　株式会社 KADOKAWA
〒102-8177 東京都千代田区富士見 2-13-3
電話 03-3238-5460（営業）
http://www.kadokawa.co.jp/
編集　角川マガジンズ
〒102-8077
東京都千代田区五番町 3-1 五番町グランドビル
電話 03-3238-5464（編集）
印刷所　株式会社 暁印刷
装丁　Zapp! 白金正之

ISBN978-4-04-731629-4 C0233

落丁、乱丁の場合は、お手数ですがKADOKAWA読者係までお申し出ください。
送料は小社負担にてお取り替えいたします。
KADOKAWA 読者係
〒354-0041
埼玉県入間郡三芳町藤久保 550-1
電話 049-259-1100（土、日曜、祝日除く 9時～17時）